FACULTÉ DE DROIT DE TOULOUSE

DE LA LOI AQUILIA

EN DROIT ROMAIN

DES MÉDECINS

AU POINT DE VUE DU DROIT PRIVÉ

EN DROIT FRANÇAIS

Thèse pour le Doctorat

SOUTENUE

PAR AIMÉ-HENRI-FÉLIX LATOUR-DÉJEAN

AVOCAT, NÉ A CASTRES

Lauréat du Concours de Licence 1867.

TOULOUSE

IMPRIMERIE DE CAILLOL ET BAYLAC

Rue de la Pomme, N 31.

1870

DE LA LOI AQUILIA

EN DROIT ROMAIN

DES MÉDECINS

AU POINT DE VUE DU DROIT PRIVÉ

EN DROIT FRANÇAIS

Thèse pour le Doctorat

SOUTENUE

PAR AIMÉ-HENRI-FÉLIX LATOUR-DÉJEAN

AVOCAT, NÉ A CASTRES

Lauréat du Concours de Licence 1867.

TOULOUSE

IMPRIMERIE DE CAILLOL ET BAYLAC

Rue de la Pomme, Nº 34.

1870

A MON PÈRE, A MA MÈRE

FACULTÉ DE DROIT DE TOULOUSE
1869-70

MM.

DUFOUR ✻, Doyen, Professeur de Droit commercial.
DELPECH ✻, Doyen honoraire.
RODIÈRE ✻, Professeur de Procédure civile.
MOLINIER ✻, Professeur de Droit criminel.
BRESSOLLES ✻, Professeur de Code Napoléon.
MASSOL ✻, Professeur de Droit romain.
GINOULHIAC, Professeur de Droit français, étudié dans ses origines féodales et coutumières.
HUC, Professeur de Code Napoléon.
HUMBERT, Professeur de Droit romain.
ROZY, Professeur de Droit administratif.
POUBELLE, Professeur de Code Napoléon.
BONFILS, agrégé.
ARNAULT, agrégé.
DELOUME, agrégé.

M. DARRENOUGUÉ, Officier de l'Instruction publique, secrétaire, agent-comptable.

Président de la Thèse, M. HUC.

Suffragants :
MM. MOLINIER,
GINOULHIAC,
HUMBERT, *Professeurs.*
BONFILS, *Agrégé.*

La Faculté n'entend approuver ni désapprouver les opinions particulières du Candidat.

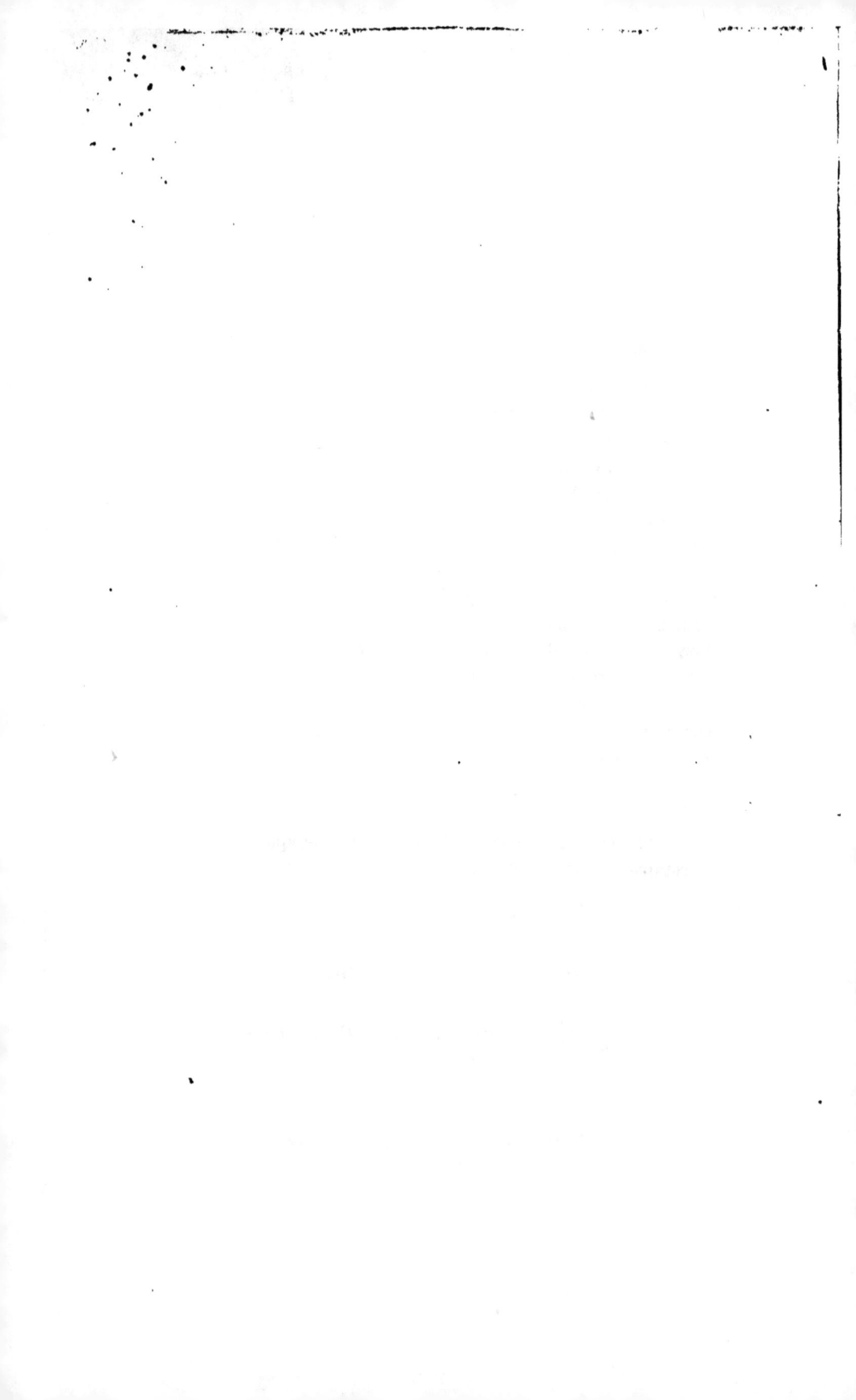

DROIT ROMAIN

DE LA LOI AQUILIA.

INTRODUCTION.

L'origine et la date de la loi Aquilia sont peu connues. Certains commentateurs ont pensé qu'elle avait pris le nom d'Aquilius Gallus, le collègue et l'ami de Cicéron, *collega et familiaris*. C'est, par exemple, l'opinion de Manzius qui ajoute : « Ce fut un usage solennel des Romains de donner aux lois les noms de leurs auteurs pour inviter les hommes à chercher à s'illustrer (1). » Mais Voët réfute fort bien cette opinion : « Quel est, dit-il, cet Aquilius qui a évidemment donné son nom à cette loi, ou à ce plébiscite ? En quel temps a-t-il vécu ? C'est ce qui est incertain, car Tite-Live et d'autres écrivains font mention de plusieurs Aquilius. Une seule chose est certaine, c'est que l'auteur de cette loi n'a pas été Aquilius Gallus connu, notamment, par la rédaction de formules de stipulation et de substitution. Cet Aquilius est, en effet, compté parmi les principaux auditeurs de Quintus Mucius, lequel a discuté dans ses écrits sur la loi Aquilia (2). » De même Brutus est indiqué comme en ayant aussi traité, et Pomponius rapporte que Brutus est plus ancien qu'Aquilius Gallus et même que Mucius (3).

---

(1) Gaspari Manzii, com. inst., l. IV, t. 3.
(2) L. 39, D. IX, 2.
(3) L. 27, § 22, D. IX, Voet, ad Pandectas, ad. leg. Aquil. I.

Ce qu'il y a de sûr, c'est que cette loi est un plébiscite présenté aux plébéiens par un tribun nommé Aquilius (1). Les principaux interprètes la placent en l'an 468 de Rome, 286 av. J.-C., sous le consulat de Claudius Canina et d'Emilius Barbula, à l'époque de la troisième retraite de la plèbe sur le mont Janicule et de la loi Hortensia qui, d'après les Institutes de Justinien, aurait enfin donné force de loi au plébiscite (2).

La loi Aquilia a fourni aux Institutes de Justinien le titre III du livre IV, d'après Gaïus qui lui consacre les paragraphes 210 à 220 de son commentaire IV. Elle est placée après le *furtum* et *l'enlèvement par violence*, et avant *l'injure*, c'est-à-dire parmi les titres qui traitent des délits privés. Elle réprime en effet l'un d'eux, le *damnum injuriâ datum* au moins dans certains des cas de ce *damnum*. Si nous passons au Digeste, nous trouvons qu'elle forme le titre II du livre IX. Et là, elle est jointe à l'action donnée contre le propriétaire d'un quadrupède qui aura causé un dommage, à l'action établie contre ceux qui ont projeté ou répandu des objets sur la voie publique, et aux actions noxales. Il serait difficile de donner une bonne raison de cette place assignée à la loi Aquilia et même aux autres titres du livre IX, car les livres précédents sont consacrés à la propriété et à ses démembrements, et le livre X aux actions divisoires et à l'action *ad exhibendum*. Pothier, désireux de tout expliquer, dit, qu'après avoir parlé des revendications, il n'était pas mauvais de passer aux actions noxales, qui ne sont pas sans affinité avec elles, puisqu'elles sont écrites *in rem*, et se donnent contre le possesseur de l'esclave ou de l'animal qui a causé un dommage. Mais la loi Aquilia est loin d'être toujours noxale, seulement Pothier remarque qu'elle aussi prévoit un dommage comme les actions

(1) Inst. hoc. tit. § 15.
(2) Inst. L. I, T. 2, § 4. La loi Hortensia est de l'an 466.

noxales (1). Justinien lui-même ne nous dit pas pourquoi la loi Aquilia a été détachée, dans le commentaire d'Ulpien sur l'édit du préteur et dans le Digeste, des autres délits privés. Voici comment, en effet, il s'exprime dans les longues et verbeuses préfaces dont il fait précéder sa grande compilation. « Nous avons divisé tout l'ouvrage qui comprend presque cent cinquante mille lignes en sept parties, et cette division n'a été faite, ni à la légère, ni sans raison, mais en vue de la nature et conformément à l'ordre des nombres. La première partie est subdivisée en quatre livres qui s'appellent τα πρωτα, la seconde en comprend sept qui sont consacrés aux actions (2). » Mais toutes les actions sont bien loin d'être traitées dans cette seconde partie. Du reste nous lisons peu après : « La septième et dernière partie du Digeste est formée de sept livres..... et après les deux premiers viennent les livres redoutables *(libri terribiles)* des délits privés et extraordinaires et aussi les accusations publiques où se trouvent les châtiments les plus atroces (3). » De ce rapprochement, il résulte bien que la loi Aquilia a été au Digeste arbitrairement détachée des délits privés auxquels elle avait été jointe avec raison dans les Institutes de Gaïus et dans celles de Justinien.

Si nous passons au Code, nous ne pourrons pas mieux nous rendre raison de la place qu'occupent les six constitutions qui forment le titre *de lege Aquilia,* ou plutôt nous la retrouvons placée comme au Digeste entre les servitudes et l'action *familiæ erciscundæ* (C. III, 35), pendant que le titre *de Furtis* est au sixième livre (4).

_____

(1) Poth. Pand. in nov. ord., l. IX, T. 2, 1.

(2) Secunda præfatio, Dig. § 1.

(3) Seconde préface du Digeste, § 8. Voir aussi troisième préface, § 3, § 8.

(4) Nous employons là une manière de parler historiquement peu exacte, car le code fut antérieur au Digeste. L'erreur a donc été commise d'abord dans la première édition qui ne nous est point parvenue.

Cujas avoue qu'on aurait pu placer l'action de la loi Aquilia avec l'action d'injure et celle des biens ravis; mais il dit qu'on l'a mise après les servitudes, parce que l'action de la loi Aquilia aurait été donnée autrefois en vertu du second chef dans des matières touchant au droit de servitude. Nous ne tarderons pas à voir combien cette conjecture était mal fondée (1).

Enfin, le chapitre VIII de la Novelle 18 de Justinien est encore consacré, en partie, à la loi Aquilia.

La loi Aquilia comprenait trois chefs différents, qui, tous, réprimaient certains dommages causés injustement à autrui. Ce dommage est donc un délit, puisque les Romains appelaient ainsi les faits réprimés par une loi spéciale. Seulement, le délit est ici privé, c'est-à-dire que l'action appartient à un particulier et a pour objet une somme d'argent et non un châtiment corporel.

Pour étudier convenablement cette action, il nous semble que nous devons adopter l'ordre suivant :

Chapitre I. Second chef de la loi Aquilia. — Chapitre II. Premier et troisième chef de la loi Aquilia. — Chapitre III, Concours de la loi *Aquilia*, avec d'autres actions. — Chapitre IV. Des cas auxquels ne s'applique pas l'action de la loi Aquilia.

Nous suivrons, autant que possible, l'ordre que nous venons d'adopter, et nous tâcherons d'éviter les empiétements d'un chef sur l'autre et les répétitions. Cependant, tout se tient tellement dans la science du droit, que nous ne pouvons, malgré toute notre bonne volonté, nous flatter de tenir absolument cette promesse.

---

(1) Cujas, Paratitla in lib. III, t. 35, codic. Just.

CHAPITRE I.

Second chef de la loi Aquilia.

Les institutes de Justinien portent : *Caput secundum legis Aquiliæ in usu non est*, et le Digeste : *Hujus legis secundum quidem capitulum in desuetudinem abiit* (1). Les anciens commentateurs, ne pouvant pas soupçonner d'interpolation dans le texte d'Ulpien au Digeste, avaient supposé que le second chef de la loi Aquilia était déjà tombé en désuétude au temps classique. Aussi s'étaient-ils épuisés en conjectures dont aucune ne se rapprochait de la vérité. Cujas, par exemple, pensait qu'il devait prévoir un dommage causé sans qu'il y eût détérioration d'une chose, comme si on nous privait de son utilité. Il cite, d'après Pline, l'exemple d'un pêcheur qui surprend son associé au marché, sans doute occupé à vendre seul le poisson commun. Il cite encore le cas où quelqu'un, au mépris de la forme ancienne des édifices, intercepterait le jour à son voisin, sans avoir acquis de lui une servitude (2).

Voët dit qu'il est probable qu'il s'agissait de la corruption d'un esclave. Dans le premier chef, on aurait prévu sa mort ; dans le second, la corruption de son âme ; dans le troisième, une lésion corporelle quelconque. Alors, dit-il, le second chef n'aurait pas été abrogé, mais serait, comme le disent les textes, tombé en désuétude, parce que, plus tard, l'édit du préteur aurait introduit l'action spéciale *de servo corrupto*, préférable à celle de la loi Aquilia, parce

---

(1) Inst. h. t. § 12. L. 27, § 4, D. IX, 2.
(2) Cujas, Paratitla in libr. IX. T. 2, D. et in libr. III, t. 55 Cod.

qu'elle est toujours donnée au double, et il tire un ingé-
nieux argument d'un texte d'Ulpien, où il est dit que l'action *de servo corrupto* est au double même contre celui
qui avoue, tandis que l'action de la loi Aquilia punit du
double seulement le défendeur qui nie. Pourquoi ce rapprochement, si la loi Aquilia n'avait prévu la corruption
de l'esclave (1) ?

Vinnius et Pothier se montrent plus réservés : l'un se
borne à dire, ce second chef était déjà tombé en désuétude
dès le milieu de la jurisprudence romaine, comme l'atteste
Ulpien au Digeste : « Il ne me serait pas facile de dire ce
qu'il prévoyait, puisqu'on n'en a jamais rien su, et je ne
m'y emploierai pas; que ceux qui ont du temps à perdre
se livrent à de pareilles entreprises (2) » Et Pothier,
après avoir rapporté les deux conjectures qui précèdent,
avoue que leurs auteurs n'apportent aucune preuve qui les
rende vraisemblables (3).

Ce problème juridique ne devait être résolu que par la
découverte des institutes de Gaïus et on ne pourrait pas
raisonnablement reprocher aux anciens auteurs de n'en
avoir pas deviné la solution. On sait qu'à Rome, jusques à
Justinien, on n'admettait pas qu'on pût contracter pour
après sa mort; toutes les fois qu'un contrat quelconque
était fait de telle sorte que l'action ne pût être exercée
qu'après la mort du créancier ou du débiteur, ce contrat
n'engendrait pas d'action. « *Inelegans enim visum est
ex heredis personâ incipere obligationem*, dit Gaius
(4). Mais dans la pratique on avait tourné la difficulté au
moyen de l'*adstipulator*. Si quelqu'un voulait faire avoir
par stipulation une somme ou une chose à ses héritiers
sans en devenir lui-même créancier, il donnait mandat à

(1) Voet, ad Pand., liv. IX, 2, § 8. — L. 5, § 2, D. XI, 3.
(2) Arnoldi Vinnii, Com. Inst. in hoc. tit. § 12.
(3) Pothier, Pandect. in nov. ord. h. t. § 1, note 4.
(4) Com. III, § 100.

un autre de stipuler du débiteur pour après sa mort à lui mandant; car il a toujours été permis de prendre pour échéance la mort d'un tiers, ce qui ajoute simplement un terme incertain à la stipulation. Après la mort du mandant, l'*adstipulator* mandataire exerçait l'action contre le débiteur, et rendait compte aux héritiers du mandant par l'action *mandati directa*. Il n'y avait pas à dire que le mandat lui-même fût vicié, comme étant fait *post mortem mandantis*, parce que telle hypothèse pouvait se présenter où le mandant aurait eu le droit, avant sa mort, d'actionner l'*adstipulator* son mandataire. Que serait-il arrivé par exemple, si au mépris du mandat, l'*adstipulator* avait fait acceptilation au débiteur et l'avait ainsi libéré. — Évidemment l'action *mandati directa* pouvait alors être mise en mouvement, mais on ne l'avait pas crue suffisante, et tel avait été justement l'objet du second chef de la loi Aquilia. Gaius nous dit: « Par le second chef, action est encore donnée à raison d'un dommage, mais ce n'était pas nécessaire, puisque l'action de mandat suffisait à moins qu'on ne dise que par la loi Aquilia, on agit au double contre le défendeur qui nie (1). » Nous ajouterons une observation à celle de Gaius: S'il est vrai que l'action de la loi Aquilia pût être plus avantageuse que celle du mandat par l'expectative d'une condamnation au double, elle est d'un autre côté moins redoutable pour le défendeur que l'action directe de mandat, car celle-ci entraine l'infamie contre celui qui est condamné, et la loi Aquilia ne l'entraine pas comme les autres délits privés (2).

Justinien par une constitution, datée de novembre 531, déclara valables les stipulations comme les promesses faites après la mort des contractants (3). Dès lors, la commission du Digeste et celle des Instituts, qui, à ce moment

(1) Gaius, C. III, § 215, 216,
(2) Inst., L. IV, t. 16, § 2.
(3) C. unic., C. IV, 11.

là même, étaient à l'œuvre, supprimèrent naturellement tout ce qui avait trait au second chef de la loi Aquilia, et le déclarèrent tombé en desuétude, puisque l'*adstipulator* devenait inutile.

Nous n'avons pas évidemment à nous prononcer sur le mérite de l'innovation de Justinien ; elle a été admise, sinon expressément, du moins implicitement, par les rédacteurs du Code Napoléon, puisqu'ils n'ont pas reproduit la nullité attachée par le vieux droit romain aux stipulations et promesses faites *post mortem suam*. Sans doute, on peut reprocher à la théorie romaine de confondre le droit d'obligation avec le droit d'action, de ne reconnaître quelqu'un créancier que lorsqu'il est armé de la sanction de son droit ; car on peut dire que la plupart des obligations produisent leur effet sans qu'on ait besoin de recourir aux moyens de coërcition, et l'action n'apparaît pas toujours nécessairement comme moyen de faire valoir l'obligation. Cependant Gaius n'a peut-être pas tort de considérer comme *inelegans*, comme contraire à la beauté du droit la stipulation pour après sa mort. Si aujourd'hui nous prenons ce contrat dans sa forme la plus usitée et la plus préconisée, l'assurance sur la vie, nous le voyons devenir pour la doctrine et la jurisprudence la source de difficultés telles, que non-seulement on n'est pas fixé sur ses effets, mais encore on n'en connait pas la nature, et qu'on se demande même s'il fait partie du patrimoine de l'assuré, et s'il est une valeur de sa succession, sujette aux lois ordinaires du rapport, de la réserve, etc.

CHAPITRE II.

Premier et troisième chef de la loi Aquilia.

Section I.

Qu'est-ce que le damnum injuriâ datum?

Damnum, dit Paul, *ab ademptione, et quasi deminutione patrimonii dictum est* (1).

Le dommage est donc toute diminution de patrimoine éprouvée par quelqu'un; il n'est pas nécessaire pour qu'il soit réprimé, que l'auteur du dommage ait voulu s'enrichir et qu'il se soit effectivement enrichi, et c'est là justement ce qui distingue le *damnum,* du *furtum* de la *rapina ,* etc., qui exigent chez l'auteur l'esprit de lucre. Celui donc qui détruit uniquement pour détruire, qui nuit pour nuire, celui-là commet un *damnum.*

Pour que le dommage donne lieu à une action, il faut qu'il ait été commis *injuriâ,* c'est-à-dire contrairement au droit. Nous aurons bientôt à développer cette condition. Qu'il nous suffise de dire quant à présent que celui qui est en état de légitime défense, que celui qui fait tort à autrui en exerçant son droit, que celui qui n'est que l'instrument passif d'une force qui lui donne impulsion , que celui qui est fou, que l'impubère non *doli capax,* que toutes ces personnes, si elles commettent un dommage, ne le commet-

_____

(1) L. 3 D XXXIX-2.

tent pas *injuriâ* et sont à l'abri de toute action. En un mot *l'injuria* suppose une faute commise ; non pas simplement comme dans certains contrats, une *culpa in omittendo*, mais une *culpa in committendo ;* ce n'est pas une simple abstention, c'est un fait commis quand bien même ce fait serait une simple imprudence ou une négligence ; et c'est en ce sens qu'il est dit que la *culpa levissima* est appréciée dans la loi Aquilia (1).

Le dommage peut être souffert de deux grandes manières différentes, nous dit Doneau ; ou bien par la perte ou détérioration de la chose endommagée, ou bien sans qu'il y ait détérioration ou destruction de cette chose.

§ 1er.

Dommage causé par la destruction ou la détérioration de la chose.

Ce dommage peut être moral ou matériel. Il est moral quand il consiste dans la corruption d'un esclave, qui devient moins laborieux, et prend des vices ou de mauvaises mœurs qu'il n'avait pas ; ce dommage est réprimé par l'action au double de *servo corrupto*. S'il s'agissait d'un fils de famille, le préteur donnerait une action utile.

S'il s'agit d'un dommage matériel nous sommes sous l'empire du premier et du troisième chef de la loi Aquilia, qui supposent tous les deux la corruption, la destruction, la détérioration des choses.

Ce sera là l'objet de ce travail, mais nous pouvons déjà dire, dans cette introduction générale, que d'autres actions

---

(1) L. 44 D. h. t.

sont également données pour de semblables dommages.
Ce sont : 1° l'action au double *de arboribus furtim cœsis*
de la loi des XII tables, D. livre XLVII, 7. 2° L'action au
quadruple pour le dommage causé par des hommes rassem-
blés, action *vi bonorum raptorum*, D. livre XLVII, 8. 3°
L'action au double pour le dommage causé dans une foule,
L. 4, D. XLVII, 8. 4° L'action au quadruple pour le dommage causé en cas d'incendie, ruine, naufrage, etc., D.
livre XLVII. 9.

Nous aurons à examiner la combinaison de toutes ces
actions avec celles de la loi Aquilia.

§ 2.

Cas où le patrimoine est diminué sans que les choses soient détruites ou détériorées.

On compte ici de nombreuses hypothèses qui tantôt
rentrent dans le cadre de la loi Aquilia, tantôt, au contraire, donnent lieu à des actions spéciales. Nous allons
énumérer d'après Doneau, les principales de ces hypothèses : 1° Un anneau est jeté dans la mer; un animal est
délié et s'enfuit (L. 55, D. XLI, 1); un troupeau est mis
en fuite et se disperse (Inst. IV, 1, § 2). Dans tous ces cas,
et d'autres semblables, où il n'y a pas précisément détérioration matérielle de la chose commise par la main du
coupable, les jurisconsultes accordent une action *in factum* à l'exemple de celle de la loi Aquilia.

2° Une personne a joint à sa statue un bras qui appartient à autrui, si la jonction est faite par soudure au
moyen d'un autre métal, il y a ce qu'on appelle *plumba-
tura* et le propriétaire peut agir par l'action *ad exhibendum, ut separentur et tunc vindicentur*. (L. 23, § 5, D.

VI, 1). Mais si la jonction a lieu par fusion, sans addition d'un nouveau métal, il y a *ferruminatio*. Ici la séparation n'est pas possible, parce que suivant la belle expression de Paul, *tota statua uno Spiritu continetur* ; alors le propriétaire du bras, en supposant qu'il n'y ait pas *furtum* aura, contre celui de la statue, une action *in factum* que Doneau n'hésite pas à considérer comme subsidiaire de celle de la loi *Aquilia*.

3° Quelqu'un sans commettre de *furtum*, construit sur son fonds avec les matériaux d'autrui; d'après les principes généraux, le propriétaire des matériaux pourrait agir par l'action *ad exhibendum* pour les faire revivre comme objets détachés et les revendiquer; mais la loi des XII tables, *ne ruinis Urbs deformetur*, lui a enlevé ce moyen et lui a accordé une action au double *de ligno juncto* (L. 23, § 6, D. VI, 1. Inst. L. II, T. 1, § 29).

4° Une personne possédant la chose d'autrui, l'aliène avant que le propriétaire la revendique pour donner à celui-ci un autre adversaire; si cela rend plus mauvaise la position du revendiquant, celui-ci aura, d'après l'édit du préteur, une action *in factum* contre le possesseur pour l'intérêt qu'il avait à ne pas changer d'adversaire (L. 1, D. IV, 7).

5° Une personne est appelée *in jus*, et elle est empêchée de s'y rendre par la force ou parce qu'elle est retenue dans un lieu fermé; le préteur donne contre ceux qui l'ont enlevée ou retenue, l'action *de in jus vocato vi exempto*, dans laquelle le dommage causé sera arbitré par le demandeur lui-même. (L. 4, D. II, 7).

6° Quelqu'un a empêché un autre de demeurer en justice jusques à la solution du procès; il sera tenu envers le demandeur d'une action *in factum* jusques à concurrence de l'intérêt qu'avait le demandeur de voir son adversaire rester au procès, par exemple, dit Julien, si le défendeur acquiert en attendant par l'usucapion la propriété de la chose litigieuse. (L. 3, D. II, 10).

7° Le juge, qui par prévarication ou simple ignorance, a mal jugé, fait le procès sien et sera tenu d'une action *in factum* pour toute l'étendue de la perte qu'il a occasionnée.

Si le juge a fait le procès sien par dol, il paraîtrait évident que son obligation naît comme celle de la loi *Aquilia ex delicto*. Cependant, Gaius dans la loi 5, § 4, D. XLIV, 7, dans la loi 6, D. L. 13, et Justinien qui le copie, Inst. 1, IV, T. S. pr., visant, il est vrai, plus expressément le cas de négligence, disent que l'obligation du juge naît ici *quasi ex delicto*. Doncau ne veut pas admettre cette nomenclature. « Je ne mets pas en doute, dit-il, que cette action naisse *ex delicto*. » Peu importe, ajoute-t-il, qu'il y ait dol ou imprudence, car la loi Aquilia prévoit aussi bien l'une que l'autre. Mais nous croyons plus conforme au génie romain l'opinion de Gaius et de Justinien. Si l'obligation du juge ne naît pas *ex delicto*, cela tient à ce que son dol ou son imprudence n'avaient pas été anciennement rangés parmi les délits privés qui sont restés au nombre de quatre : le *furtum*, la *rapina*, le *damnum injuriâ datum*, l'*injure*.

8° Quelqu'un a répandu d'une fenêtre des objets sur la voie publique : s'il en blesse un autre, cela rentre dans le cas de la loi Aquilia ; mais si on ignore qui a jeté les objets, le chef de famille est tenu d'une action au double du dommage causé ou d'autres choses encore, s'il y a mort ou blessure d'un homme libre, (Inst. IV, T. 5, § 1).

9° Une action *in factum* est également donnée contre l'armateur d'un navire ou le maître d'une auberge pour dommage causé dans le navire ou dans l'auberge (Inst. L. IV, T. 5, § 3).

10° L'action d'injure a également pour but de réprimer certains dommages qui constituent un délit spécial (Inst. L. IV, T. 4).

11° Les huissiers, à Rome, recevaient du défendeur un salaire dont le montant était proportionné au chiffre de la demande : Lorsque l'empereur Zénon eut abrogé les règles de la plus pétition à raison de la demande, l'exagération de celle-ci put donc entraîner un salaire trop fort pour les *vialores* au détriment du défendeur. Justinien établit alors contre le demandeur une action au triple, la seule qui existe de son temps, du dommage ainsi éprouvé par le défendeur (Inst. l. IV, T. 6, § 24, C. 2, § 2, C. III, 10).

SECTION II.

Dommage que prévoient le 1er et le 3e chef de la loi Aquilia.

§ 1er.

Premier chef de la loi Aquilia.

Gaius nous a conservé très probablement le texte du premier chef de la loi Aquilia : « *Qui servum servamve alienum alienamve quadrupedem vel pecudem injuriâ occiderit, quanti id in eo anno plurimi fuit tantum œs dare domino damnas esto* (1). » C'est donc le dommage causé par la mort d'un esclave ou d'un animal domestique par un autre que le propriétaire, que réprime ce premier chef de la loi Aquilia ; peu importe, dit Paul, que vous ayez cru que mon esclave était un homme libre (1).

On s'était posé certaines questions relativement aux animaux que comprennent les expressions *quadrupedem*

_____

(1) L. 2 D. h. t.
(2) L. 45, § 2, D. h. t.

vel pecudem. Ce sont ceux qui vont en troupeau, dit Gaius (1). Cela ne comprend donc ni les chiens, ni les bêtes feroces, ours, lions, panthères. Mais les éléphants et les chameaux qui n'étaient pas connus des auteurs de la loi Aquilia? Leur nature est mixte, dit Gaius, car ils ne sont pas domestiques. Il faut les comprendre dans le premier chef.

Que dirons-nous des pourceaux? La question avait été controversée. Mais Labéon pense, et son opinion a prévalu, qu'ils y sont compris. « Quelle est la raison de douter, se demande Vinnius, je ne saurais le dire. » Hotoman propose celle-ci, que les pourceaux ne se nourrissent pas, comme les autres bêtes, des grains et des pâturages verts, mais, comme le rapportent Varron et Columelle, de fèves, d'orge et de glands. D'autres ont pensé qu'il vaut mieux dire que ces animaux ne travaillent pas pour l'homme en portant des fardeaux ou tirant la charrue comme les chevaux, etc. ou en fournissant leur lait comme les vaches. Quoiqu'il en soit, on les a comptés parmi les animaux faisant partie des troupeaux, parce qu'ils vont ensemble guidés par un conducteur, comme le dit Homère; et nous savons combien les jurisconsultes romains aimaient à argumenter des vers de l'*Illiade* et de l'*Odyssée*. Si nous avons rapporté cette petite dissertation de Vinnius, c'est moins à cause de son intérêt ou de son importance, que pour montrer jusqu'où allaient le scrupule et le soin des anciens commentateurs du droit romain (2).

Il importe peu que la mort ait été donnée d'une manière ou d'une autre (3); qu'elle ait été concomitante ou postérieure à la blessure faite, si toutefois ce n'est pas le manque de soins, qui a entraîné la mort à la suite d'une bles-

---

(1) L. 2, § 2, D. h. t.
(2) Arnoldi Vinnii, com. in huc tit., § 1.
(3) L. 7, § 1, D. h. t.

sure, qui par elle-même n'était pas mortelle (1). Du reste, la blessure est considérée comme mortelle, dès lors qu'elle a entraîné la mort sans examiner si d'ordinaire une pareille blessure amène ou n'amène pas la mort. Si donc quelqu'un a légèrement frappé un esclave malade et que celui-ci soit mort (2), Labéon dit avec raison, qu'il est tenu de la loi Aquilia. Nous ajoutons avec Pothier, *quia aliud alii mortiferum esse solet.*

La mort, au lieu d'être causée par un seul agent, l'a été par plusieurs sans que l'on sache lequel a donné la mort. Tous sont tenus de la loi Aquilia (3). Nous examinerons plus loin la question qui se rattache au cas où il y a eu des blessures faites successivement par diverses personnes.

§ 2.

Troisième chef de la loi Aquilia.

Ulpien nous a aussi conservé le texte : *Cœterarum rerum, præter hominem et pecudem occisos, si quis alteri dammum faxit, quod usserit, fregerit, ruperit injuriâ quanti ea res erit in diebus triginta proximis tantum, œs domino dare damnas esto* (4). Il serait puéril de vouloir épuiser les hypothèses de dommage comprises sous ce chef, il s'agit de toute blessure faite à l'esclave ou l'animal domestique, et d'autre part de la mort ou de la blessure de tout autre animal, et de la détérioration quelconque de toute autre chose inanimée.

_____

(1) L. 52 et 50, § 4, D. h. t.
(2) L. 7, § 5, D. h. t.
(3) L. 51, § 1, D. h. t.
(4) L. 27, § 5, D. h. t.

Ainsi, l'esclave a été blessé et est guéri, il y aura lieu à l'action de la loi Aquilia pour les dépenses faites en vue de cette guérison (1). Il en sera de même, si quelqu'un a déchiré ou sali des habits ou jeté dans le fleuve le grain d'autrui, ou répandu son vin, pratiqué une voie d'eau dans le navire d'autrui (2), ou cueilli des fruits avant leur maturité (3).

§ 3.

Hypothèses spéciales sur l'application du premier et du troisième chef de la loi Aquilia.

1re *Hypothèse.* — Il se peut que les deux chefs, au lieu de s'appliquer isolément, s'appliquent successivement : Si, dit Ulpien, un esclave ayant été blessé, on a intenté l'action de la loi Aquilia (troisième chef), et que plus tard l'esclave soit mort de sa blessure, on peut agir néanmoins en vertu de la loi Aquilia (premier chef) (4).

2e *Hypothèse.* — Une personne a blessé un esclave, ensuite elle l'a tué. Elle sera tenue et du troisième chef pour la blessure, et du premier chef pour le meurtre, parce qu'il y a deux délits. Il en serait autrement, ajoute Gaius, si l'auteur, dans un seul assaut, avait tué la victime par des blessures multiples, alors il n'y aurait qu'une seule action pour le meurtre (5).

Nous aurons à examiner plus tard, dans ces deux

---

(1) L. 27, §§ 1, 17, D. h. t.
(2) L. 42, D. h. t.
(3) L. 27, § 27, D. h. t.
(4) L. 46, D. h. t.
(5) L. 52, § 1, D. h. t.

hypothèses, quelle pourra être l'étendue de la condamnation.

3e *Hypothèse.* — Un esclave a été blessé mortellement; plus tard il périt dans un accident, ou à la suite d'une autre blessure; on ne pourra pas agir, pour le premier fait, à raison du meurtre, mais seulement à raison de la blessure; mais si l'esclave est mort après avoir été affranchi ou aliéné. Julien dit qu'on peut agir pour meurtre. Pourquoi cette différence? parcequ'il est vrai dans le second cas que la blessure a occasionné la mort. Dans le premier, l'accident a empêché de constater le résultat de la blessure (1). Ulpien, dont nous venons d'analyser le texte, donne la seconde de ces décisions, d'après Julien. Mais il est bien probable que Julien donnait aussi la première décision dans la première espèce, et qu'Ulpien dans son livre 18 *ad edictum* consacré à la loi Aquilia, avait sous les yeux le livre 86 du Digeste de Julien où il est également question de notre loi. Nous allons voir à l'instant l'importance de cette observation.

4e *Hypothèse.* — Un esclave a été blessé, et il est certain qu'il mourra de la blessure. Plus tard frappé par une autre personne, il est mort; je demande, dit Julien, si on peut agir pour meurtre contre chacun des auteurs? Et il répond affirmativement après avoir longtemps argumenté : Ceux-là, dit-il, ne sont pas seulement tenus du premier chef de la loi Aquilia qui font des blessures, telles que la mort s'en suive aussitôt, mais également ceux qui ont fait une blessure de nature à entraîner certainement la mort. C'est conforme à l'autorité des anciens qui ont décidé que tous les auteurs seraient tenus de la loi Aquilia si le même esclave a été blessé par eux sans que l'on sache lequel lui a donné la mort. Et plus loin : si quelqu'un pensait que notre solution est absurde, qu'il réfléchisse combien il le

_____

(1) L. 15, § 1, D. h. t.

serait davantage qu'aucun d'eux ne fût tenu de la loi
Aquilia, ou l'un plutôt que l'autre! Ne faut-il pas punir les
méfaits, et peut-on savoir lequel des auteurs choisir de
préférence. Beaucoup de décisions du droit civil ont été
ainsi admises dans des cas innombrables pour l'utilité
commune et contre l'exactitude du raisonnement. Je me
contenterai d'un exemple : Plusieurs personnes emportent
pour la voler une poutre qu'aucun d'eux ne pourrait seul
soulever, tous seront tenus de *l'actio furti*, quoique par
un raisonnement subtil, on pourrait dire qu'aucun d'eux
n'est tenu, puisqu'il est vrai qu'aucun n'a emporté la poutre (1).

Ces développements donnés à sa thèse par Julien, font
prévoir que la question devait être controversée; mais, sans
nous prononcer sur la solution elle-même, il nous semble
que l'argumentation de Julien ne porte pas. Que veut-il
prouver? Que les deux auteurs seront tenus du premier
chef de la loi Aquilia, et pourquoi? parce que sans cela, on
ne saurait lequel choisir, ce qui serait absurde; mais ne
paraît-il pas certain, que le dernier, tout au moins, est
tenu du premier chef, et que, pour l'autre, si on ne lui applique pas le premier, on pourra toujours lui appliquer le
troisième, en sorte qu'il n'y a de doute que pour celui-ci
et que toute l'argumentation disparaît. Cette réflexion est
tellement simple que nous ne pouvons pas supposer qu'elle
ait échappé à l'esprit de Julien. Ce qui l'a entraîné à argumenter ainsi qu'il le fait, c'est évidemment le doute sur la
portée de l'acte du second auteur. Le premier a causé une
blessure certainement mortelle, le second a donné un coup;
l'esclave est ensuite mort. Quel est l'effet du second coup?
Était-il ou non mortel? Voilà le doute, et c'est pourquoi,
Julien ne sachant lequel des deux choisir pour le premier
chef, les y soumet tous les deux. Ainsi interprétée, cette
loi n'est plus en contradiction avec la précédente dans la-

(1) L. 51, D. h. t.

quelle nous ayons vu l'auteur d'une blessure mortelle, tenu du troisième chef, lorsque l'esclave a péri par suite d'un accident postérieur, cet accident fût-il lui-même une blessure qui l'a tué aussitôt. Elle n'est pas non plus contraire au texte que nous allons commenter.

5ᵉ *Hypothèse.* — Ulpien s'exprime ainsi : Celse écrit : Si quelqu'un a fait une blessure mortelle, qu'un autre ait ensuite ôté la vie, le premier n'est pas tenu du meurtre (premier chef), mais de la blessure (troisième chef), car l'esclave a péri d'un autre coup; le second est tenu parce qu'il a tué; c'est aussi l'opinion de Marcellus, et c'est la plus probable (1).

Ici, il n'y a pas le doute que nous signalions tout à l'heure dans la loi de Julien. Il est certain que le second a tué *(exanimavit)*, donc l'application du premier et du troisième chef sont toutes naturelles. Cependant, comme Julien a l'air de présenter la question comme controversée, qu'il paraît en contradiction avec lui-même, que d'autre part Ulpien dans une espèce au premier abord identique, s'appuie de l'autorité de Celse et de Marcellus, et déclare leur opinion plus probable, ce qui marque aussi une question débattue; les interprètes ont dû se demander s'il n'y avait pas antinomie entre la loi 51 et la loi 11, § 3.

Cujas déclare qu'on ne pourrait sans injure faire concorder l'opinion de Julien avec celle des trois autres jurisconsultes, puisque Julien a pris un grand soin d'argumenter et de réfuter l'opinion de ceux qui traitent son avis d'absurde (2). Mais Voët ne voulant pas mettre Julien en contradiction avec lui-même et avec Ulpien, pense que la différence des décisions vient de la différence des premières blessures. Dans la loi 51, la blessure est *certainement* mortelle au dire de Julien, et dans la loi 11,

_____

(1) L. 11, § 3, D. h. t.
(2) Jacob Cujac, com. in libr. 56, Dig. Salv. Sub. Ad. leg. 51, h. t.

§ 3, il est dit que la blessure est mortelle sans ajouter *certainement* (1). Cette conciliation parait véritablement se réfuter d'elle-même, et nous lui préférons celle de M. Vangerow, adoptée par M. Demangeat (2), qui est fondée au contraire sur le caractère différent de la seconde blessure dans les espèces proposées.

Cependant nous ne sommes pas sans conserver quelque doute. Premièrement : En effet, il n'est pas prouvé que dans la loi 15 (troisième hypothèse), Ulpien ait fait allusion à Julien dans le premier cas qu'il suppose. Or, si cette conjecture est écartée, Julien n'est plus en contradiction avec lui-même, et dès-lors, rien n'est plus naturel que de le voir sur une question controversée en désaccord avec d'autres jurisconsultes. En second lieu, aucune loi ne fait allusion à cette différence des espèces qui serait décisive, et il est étonnant que Julien et qu'Ulpien négligent de mettre en relief le point même du débat. L'un dit simplement, *postea ab alio ictus decessit;* l'autre, *alius postea examinarerit.* Il faut convenir que la nuance est subtile, et que pour le lecteur, non prévenu, les deux phrases expriment la même idée. En troisième lieu, Julien a pu être choqué de voir que, dans le système d'Ulpien, l'auteur d'une blessure mortelle profitera de la mort de l'esclave, arrivée par accident ou par une autre blessure. Voët trouve la chose naturelle parce qu'on ne doit pas se montrer difficile pour les atténuations en matière pénale. Ceci est très vrai s'il s'agit d'un châtiment à infliger, mais n'oublions pas que nous sommes dans la matière des délits privés, et que l'action de la loi Aquilia n'est qu'une action en indemnité. Enfin, il y a une considération qui a pu décider Julien dans tous les cas où la seconde blessure n'occasionne pas une mort instantanée, et ce seront les plus fréquents. Comment, en effet, alors peser l'in-

---

(1) Voët, Ad leg. Aq. § 9.
(2) Cours élément. de Dr- rom., II, p. 401.

fluence de la première blessure sur la mort qui a suivi
la seconde? Remarquons bien qu'aucun des trois textes ne dit que la seconde blessure était mortelle. Les
jurisconsultes affirment simplement qu'il y a mort sans
s'expliquer sur la nature et la gravité du second coup
porté. N'est-il pas injuste en présence de ce doute inso-
luble d'affranchir le premier auteur qui avait certainement encouru le premier chef, et de reporter toute entière
l'action de ce chef sur l'auteur de la seconde blessure? On
comprendrait donc fort bien, qu'en présence de ces arguments, Julien eût déclaré que ces deux auteurs sont l'un et
l'autre tenus du premier chef par suite de l'impossibilité du
choix. Il est vrai, d'autre part, que cette dernière considération n'affaiblit pas la conciliation de M. de Vangerow,
et qu'elle peut même s'en armer elle-même.

§ 4.

Conditions requises pour l'application du premier et du troisième chef de la loi Aquilia.

Les Romains interprétaient strictement les textes de la
loi et ils avaient facilement tiré de celui de la loi Aquilia
la nécessité des quatre conditions suivantes, pour que le
premier ou le troisième chef soit applicable. Il faut :
1° Qu'il y ait eu *damnum* ; 2° qu'il y ait eu *damnum* causé
corpori ; 3° que le *damnum* soit donné directement par
l'auteur, *corpore* ; 4° il faut que le *damnum* ait été causé
injurlâ: Nous examinerons, enfin, 5° quelles preuves sont
à la charge du demandeur.

1° *Il faut qu'il y ait* damnum.—Nous savons déjà qu'on
entend par dommage : toute perte, toute diminution de

patrimoine. Si donc quelqu'un a attenté à mon esclave, à ma chose, sans qu'il y ait de dommage causé, il n'y a pas lieu à l'application de la loi Aquilia. Car, comment indemniser quelqu'un d'une perte qu'il n'a pas subie? Nous citerons avec les textes quelques exemples :

a) Un esclave a été mutilé, et sa valeur a augmenté. Vivianus écrit qu'il n'y a pas lieu à l'action de la loi Aquilia, mais qu'il faut agir par celle d'injure, ou en vertu de l'édit des édiles au quadruple. Pothier déclare ignorer quelle est cette dernière action (1).

b) Un créancier a détruit la chose due : si c'est avant la demeure du débiteur, la loi s'applique, parce que le débiteur est privé de l'usage de la chose jusques à la livraison ; si c'est après la demeure, le débiteur est libéré, et il n'a pas d'action contre le créancier, car c'est celui-ci qui se fait tort à lui-même (2).

c) Quelqu'un a détruit un testament: Marcellus dit que l'action de la loi Aquilia ne s'applique pas, parce que toute estimation de dommage est impossible. Mais Ulpien distingue : « Cela est vrai, dit-il, pour le testateur. On ne peut connaître le dommage qu'il subit, mais l'héritier et les légataires auront l'action, parce que pour eux les testaments sont presque des titres.

d) Quelqu'un lit le testament qui lui est confié en présence de tiers; son indiscrétion cause un tort moral qui sera réparé par l'action d'injure, mais il n'y a pas de dommage (3).

c) Une personne a détruit un titre en vertu duquel j'étais héritier conditionnel; j'aurai l'action de la loi Aquilia, mais la condamnation ne sera exécutée que si la

---

(1) L. 27, § 23, D. h. t. Pothier, Pand. in nov. ord. ad leg. Aquil. § 12.
(2) L. 14, D. h. t.
(3) L. 41, D. h. t.

condition se réalise; si elle vient à défaillir, je n'ai éprouvé en effet aucun dommage (1).

2° Le dommage doit avoir été causé corpori. — Il faut un dommage matériel; quand bien même il y aurait dommage causé, si la chose n'est pas matériellement détruite, détériorée ou perdue pour tout le monde, les textes n'appliquent plus la loi Aquilia. Il suffira de citer quelques exemples :

a) Quelqu'un a consommé le vin ou le froment d'autrui(2). Ce vin et ce froment n'ont pas été détruits pour tout le monde, l'action ne s'applique pas.

b) La main d'une personne qui tient des écus est secouée par une autre et les écus tombent dans un fleuve, ils sont comme détruits, et la loi Aquilia s'applique. S'ils sont ramassés par quelqu'un, elle ne s'applique pas (3).

c) Des fruits mûrs sont cueillis, la loi Aquilia cesse, dit Ulpien (2). Il y aura *furtum*, si celui qui a cueilli l'a fait dans son intérêt; au contraire, donation des dépenses de la récolte, si elle a été faite dans l'intérêt du propriétaire.

d) Des substances ont été mêlées, comme de l'avoine à du blé. La séparation n'est pas impossible, il n'y a pas lieu à la loi Aquilia. Si la séparation ne pouvait s'effectuer, il en serait autrement, puisqu'il y aurait détérioration matérielle (3).

e) Quelqu'un détache l'esclave d'autrui, *misericordiâ ductus;* l'esclave s'enfuit; la loi Aquilia n'est pas applica-

(1) L. 40, D. h. t.
(2) L. 30, § 2, D. h. t.
(3) L. 27, § 21, D. h. t.
(4) L. 27, § 26, 27, D. h. t.
(5) L. 27, § 14, D. h. t.

ble. Si l'esclave a été délié pour nuire au maître, l'auteur encourra l'action *furti* (1).

Dans tous ces cas et ceux qui leur ressemblent, nous aurons à examiner quelle action donnaient les jurisconsultes à défaut de l'action de la loi Aquilia.

3° *Il faut que le dommage ait été causé corpore.* — Non seulement le dommage doit être matériel, mais encore il doit avoir été directement produit par l'auteur; si celui-ci n'en a été que l'occasion plus ou moins prochaine, aucun des chefs de la loi Aquilia n'est plus applicable. Nous allons encore citer quelques exemples :

a) Quelqu'un a donné du poison à la place d'un remède, s'il le fait prendre lui-même, la loi Aquilia s'applique; s'il l'a apporté et que le malade l'ait ensuite pris, la loi Aquilia ne s'applique plus. (2).

b) On a fait mourir un esclave de faim (3).

c) Une personne retenait l'esclave qu'une autre tuait (4).

d) Une personne en pousse une autre, et celle-ci blesse un esclave. Evidemment l'action de la loi Aquilia ne peut se donner contre celui qui est poussé, car il n'a été qu'un instrument passif. Mais elle ne sera pas donnée non plus contre celui qui est l'auteur de la poussée (5).

e) Quelqu'un excite un chien, et celui-ci mord une personne. Proculus disait que celui qui a excité sera tenu de la loi Aquilia, quand bien même il n'aurait pas tenu le chien; mais Julien et Ulpien désapprouvent cette décision, et refusent l'action si le chien n'a pas été tenu (6).

---

(1) Inst. L. IV, 3, § 16, l. 7, D. IV, 3.

(2) L. 7, § 6, l. 9, D. h. t.

(3) L. 9, § 2, D. h. t.

(4) L. 11, § 1, D. h. t.

(5) L. 7, § 2, D. h. t.

(6) L. 11, § 5, D. Ad leg. Aq. V. aussi la loi 9, § 5, l. 21, § 5, l. 49, l. 53, l. 27, § 55, § 9, § 10, § 34, l. 29, § 2, D. h. t. L. 57, D. XIX, 2, C. 6. C. III, 35, C. 5. C. h. t.

4° *Il faut que le damnum ait été causé injuriâ.* —
Il faut, disent les textes, que le dommage ait été causé
injuriâ, et ce mot n'est pas ici synonyme d'outrage comme
dans l'action d'injure, mais il désigne ce qui a été fait
sans droit, contre le droit, c'est-à-dire en commettant
une faute(1). On peut remarquer que, se rapportant uniquement au point de vue pratique, le jurisconsulte ne fait
aucune distinction entre l'absence de droit et l'absence de
faute. Ce sont pourtant deux choses différentes, car le fou
qui ne commet pas de faute en causant un dommage, n'a
cependant pas le droit de le causer.

La faute nécessaire ici n'est pas comme dans les contrats, une simple négligence, un manque de soin, une *culpa
in omittendo.* Le droit ne va pas jusques à punir le dommage causé par inaction, lorsque celui qui aurait pu l'éviter n'est tenu d'aucune obligation envers celui qui le
subit. Il s'agit donc uniquement d'un fait actif, de la *culpa
in committendo;* mais aussi toute faute si légère qu'elle
soit, quand elle ne serait qu'un simple fait de négligence
ou d'imprudence, tombe sous le coup de la loi Aquilia.
In lege Aquiliâ levissima culpa venit (2).

On ne peut évidemment énumérer tous les cas de faute,
comme le dit Doneau; ils sont infinis, et chaque jour
de nouveaux faits peuvent surgir qui donnent lieu de
douter si leur auteur est en faute (3).

Il faut donc se borner à donner les principaux exemples
de faute, et à chercher ensuite avec soin et d'une manière
limitative quand est-ce que le dommage n'est pas causé
injuriâ. Nous suivrons la division de Pothier dans ces
recherches.

a) Le défaut de prévoyance. — Quelqu'un met le feu

(1) L. 5, § 1, D. h. t.
(2) L. 44, D. h. t.
(3) Donelli com. de jure civili. De damno inj. dat. l. XII, ch. 27, § 3.

à un buisson, l'incendie se propage chez le voisin ; si c'est un jour de vent, il y a faute, car l'auteur aurait dû prévoir le développement de l'incendie ; mais si les précautions avaient été prises, ou si le vent s'est levé subitement, il n'y a pas faute (1).

Un bûcheron coupe une branche d'arbre qui tue un esclave ; il y a faute si l'arbre se trouve sur une route, et que le bûcheron n'ait pas crié : gare. Mais si c'est en pleins champs, dans un lieu où il n'existe aucun passage, et qu'il ne soit pas prouvé que le bûcheron ait fait tomber par dol la branche sur l'esclave, il n'y a pas faute (2).

Mela rapporte une espèce bizarre : Un barbier rase un esclave ; à côté, des personnes font une partie de paume ; la balle violemment lancée frappe le bras du barbier et la gorge de l'esclave est coupée par le rasoir ; le joueur est tenu, dit Mela, de la loi Aquilia. Proculus rejette la faute sur le barbier, et c'est avec raison, dit Ulpien : si le barbier rasait dans un endroit où l'on joue habituellement, quoiqu'il y ait bien aussi un peu d'imprudence à reprocher à l'esclave qui s'est confié à un barbier placé dans un lieu dangereux (3).

b) L'emploi de personnes incapables ou coupables de dol. — Des esclaves appartenant au fermier incendient la ferme, le fermier est tenu personnellement, si ses esclaves étaient mal fâmés ; si non, il pourra choisir entre le paiement du dommage, et l'abandon noxal des esclaves (4).

c) Celui-là est en faute qui cause un dommage en se prêtant à un acte illicite. — Quelqu'un a tendu des pièges à un endroit où il n'avait pas le droit de le faire,

---

(1) L. 30, § 3, D. h. t. L. 27, § 8, D. h. t.
(2) L. 31, D. h. t.
(3) L. 11, D. h. t.
(4) L. 27, § 11, D. h. t.

et le troupeau du voisin y est tombé (1) ; des personnes s'amusent à lancer des flèches dans un endroit qui n'est pas destiné à cet exercice, et un esclave est tué (2) : *nam lusus quoque innoxius in culpâ est.*

d) La maladresse ou l'incapacité de celui qui a entrepris une chose sont également une faute. Imperitia culpâ annumneratur (3). En effet, rien n'est plus facile que de ne pas entreprendre une chose, mais celui qui accepte un mandat, ou qui a commencé une gestion d'affaires, ou se charge de toute autre chose, doit la mener à bonne fin. Il arrivera bien des fois dans ces hypothèses que l'action de la loi Aquilia se cumulera avec l'action de mandat ou de gestion d'affaire. Voici quelques exemples : Un médecin a mal opéré un esclave, ou lui a administré mal à propos un remède, ou a abandonné la cure ; il est coupable de faute.

Un ouvrier a cassé par maladresse l'objet qui lui était confié pour le travailler (4).

Un homme s'est chargé au delà de ses forces, le fardeau est tombé, et a tué un esclave (5).

Une pierre est tombée d'un char, et a causé un dommage, le charretier est tenu de l'action de la loi Aquilia, s'il avait mal rangé les pierres (6).

Il en est de même d'un muletier qui n'a pu retenir par maladresse ou faiblesse son équipage emporté. *Ne videtur iniquum,* dit le texte, *si infirmitas culpæ adnumeretur : cum affectare quisque non debeat in quo vel intelligit, vel intelligere debet, infirmitatem suam alii periculosam futuram* (7).

---

(1) L. 29, D. h. t.
(2) L. 9, § 4, D. h. t.
(3) L. 132, D. L. 17.
(4) L. 27, § 29, D. h. t.
(5) L. 7, § 2, D. h. t.
(6) L. 27, § 33, D. h. t.
(7) L. 8, § 1, D. h. t.

Il sera quelquefois difficile de savoir à qui devra être attribuée l'imprudence. Voici l'espèce rapportée par Alfenus : Deux chariots chargés montent au Capitole, les conducteurs du premier le poussent en arrière pour aider les mulets; tout-à-coup il s'arrête, les muletiers le quittent, le chariot recule, pousse celui qui est derrière, et un esclave est tué par ce second chariot. Contre qui le maître de l'esclave aura-t-il l'action ? Jamais évidemment contre le maître du second chariot, parce que les mules ont été obligées de reculer par le choc du premier ; l'action sera donnée contre les muletiers du premier chariot s'ils se sont écartés subitement, et que cela ait fait que les mules n'aient pu le retenir et aient été entraînées par lui. Elle sera donnée contre le maître des mules si celles-ci ont été effrayées et que les muletiers aient dû abandonner le chariot pour n'être pas écrasés; que si, ajoute le jurisconsulte, ni les mules, ni les muletiers ne sont en cause, mais que les mules n'aient pas pu retenir le chariot, ou qu'elles se soient abattues dans leurs efforts et que le char, se mettant à reculer, les muletiers qui étaient derrière n'aient pas pu les retenir davantage, il n'y a action ni contre le maître des mules ni contre ses hommes (1).

Nous ne savons si cette dernière décision est bien admissible; s'il y a faute de la part du maître d'avoir employé des mules sujettes à la peur, n'y a-t-il pas faute d'avoir chargé tellement le chariot pour monter au Capitole, qu'avec même le renfort des muletiers, le moindre accident puisse faire rouler le char en arrière, sans que ni mules ni muletiers aient la force de le retenir? Ne peut-on pas rapprocher cette hypothèse de celle où le charretier a mal aligné les pierres sur son char?

d) La trop grande sévérité d'un maître est encore punie comme une faute. — Un maître a éborgné l'esclave

_____

(1) L. 52, § 2, D. h. t.

qu'il est chargé d'instruire. Un cordonnier a lancé une forme à la tête de son apprenti qui exécutait mal ce qui lui avait été montré et l'œil de l'apprenti a été perdu (1). La loi Aquilia sera applicable.

Nous venons de parcourir les principaux cas dans lesquels le *damnum* a été causé *injurià*. Nous allons en sens inverse, et prenant encore Pothier pour guide, examiner maintenant dans quelles circonstances l'auteur d'un dommage ne sera pas passible de la loi Aquilia.

a) Le cas fortuit (2).

b) L'absence de raison. Le texte vaut la peine d'être traduit : Demandons-nous, au cas de dommage causé par un fou, s'il y a lieu à l'action de la loi Aquilia. Pégase a répondu que non. Quelle faute commet celui qui n'a pas sa raison? Rien n'est plus vrai. L'action de la loi Aquilia cessera, comme elle cesserait si un quadrupède avait causé le dommage, ou si une tuile était tombée d'un toit. Il en faudra dire autant si le dommage provient d'un enfant. Si c'est un impubère, Labéon dit qu'il sera tenu de la loi Aquilia, comme de l'action *furti*, et je pense que cela est vrai, s'il est déjà capable de faute *injuriæ capax*.

Il ne faudrait pas croire que cette idée, si vraie, d'assimiler le dommage causé par un fou au dommage causé par un cas absolument fortuit, ait été toujours acceptée comme elle l'est aujourd'hui dans notre droit. Nous en citerons pour preuve le passage suivant de Merlin, duquel il résulte nettement que le fou doit indemniser, de sa fortune, celui auquel il a fait tort, non pas bien entendu dans un intervalle lucide, mais en pleine folie.

« Un insensé qui ferait des blessures à quelqu'un ne commettrait qu'un délit matériel. Cependant ses biens répondraient toujours des dommages-intérêts qui pourraient en

_____

(1) L. 6, l. 5, §5, D. h. t.
(2) L. 52, § 4, l. 57, D. h. t.

résulter. Un marchand de Paris convaincu d'avoir de dessein prémédité, coupé le nez à une femme contre laquelle il avait eu des procès, fut condamné par une sentence du Châtelet, au fouet, à un bannissement de neuf ans, à une amende de 2,000 livres, à 6,000 livres de dommages-intérêts. Il y eut appel de cette sentence, la famille chercha à établir l'imbécillité de l'accusé. Un premier arrêt ordonna une visite par médecins et chirurgiens, et une information de vie et de mœurs; par arrêt définitif, qui intervint le 10 septembre 1683, il fut dit que l'insensé serait enfermé à Bicêtre, à la charge par la famille d'y payer 150 livres pour sa pension. La sentence du Châtelet fut dès-lors infirmée quant aux peines afflictives, mais elle resta dans son entier pour les dommages-intérêts (1). »

Nous n'avons pas besoin de faire remarquer que cette doctrine et cette jurisprudence sont contraires au principe, qu'il est besoin d'une faute commise pour engendrer la responsabilité.

c) La permission de la loi. — Là plusieurs applications se présentent. *Nemo damnum facit nisi qui id fecit quod facere jus non habet* (2). Ainsi toutes les fois que l'auteur du dommage pourra répondre: *feci, sed jure feci;* il n'y aura pas de responsabilité; on peut citer le cas de légitime défense. *Qui cum aliter tueri se non possunt damni culpam dederunt, innoxii sunt; vim enim vi defendere omnes leges omniaque jura permittunt;* mais il faut évidemment que le péril n'ait pu être autrement évité. Voilà par exemple un voleur de nuit. On pourra le tuer à la condition d'avoir toutefois appelé au secours. Si c'est pendant le jour, il faudrait de plus que le voleur se fût défendu à main armée (3).

Que dire du voleur qui s'enfuit emportant votre bien ?

(1) Merlin, Rep. blesisc. § III, n° 4.
(2) L. 151, D. L. 17.
(3) L. 4, pr., L. 5, pr. D. IX. 2. V. aussi art. 322, 327 C. P.

Alfenus décide que, dès qu'il sera rattrapé, on sera en faute de le blesser, s'il n'a pas lui-même frappé le premier (1). Chez nous, depuis l'invention des armes à feu, cette question peut se présenter d'une manière plus délicate encore : la personne volée, voyant s'enfuir le voleur avec tout ou partie de sa fortune, et désespérant de l'atteindre à la course, peut-elle l'abattre d'un coup de fusil ? Il est pensons-nous, impossible de donner *à priori* une solution sur cette question ; cela dépendra des circonstances et tantôt on pourra admettre la légitime défense, tantôt au contraire, on devra déclarer le volé responsable.

Si celui, qui se défend, frappe, non pas un adversaire, mais un passant, il sera tenu de la loi Aquilia.

Les jurisconsultes romains appliquent cette absence de responsabilité aux blessures faites dans une lutte publique, *quia gloriæ causâ et virtutis non injuriæ gratiâ videtur damnum datum* (2). Nous remarquons, que l'on ne nous dit pas que les deux adversaires se sont placés l'un à l'égard de l'autre en état de légitime défense, et d'autre part que la lutte, étant publique, est permise par la loi. Elle ne constitue pas par elle-même une infraction. Ces deux considérations devaient être présentées pour qu'on ne fût pas tenté d'appliquer aujourd'hui au duel cette irresponsabilité ; et c'est en ce sens qu'il a été souvent jugé, notamment par la cour d'assises de Versailles (affaire Dillon contre Grammont-Caderousse).

Enfin un magistrat n'est pas responsable des violences commises contre une personne qui lui oppose une résistance illégitime (3).

d) La contrainte. — Celui qui tue l'esclave d'autrui surpris en adultère avec sa femme ne sera pas tenu, dit

---

(1) L. 52, § 1, D. h. t.
(2) L. 7, § 4, D. h. t.
(3) L. 29, § 7, D. h. t.

Paul (1). Pothier pense qu'il y a là un cas de vengeance légitime, mais nous ne pouvons admettre l'accouplement de ces deux mots : vengeance et observation de la loi ; le jurisconsulte Paul nous dit que le meurtrier n'est pas responsable *si tuendi dantaxat non etiam ulciscendi causâ factum sit* (2). C'est donc une contrainte irrésistible ou une démence momentanée qui motivent ici l'irresponsabilité. L'homme libre qui cause un dommage sur l'ordre d'une personne à laquelle il devait obéir ne sera pas non plus responsable (3).

De même si pour empêcher un incendie de gagner une maison, je détruis celle de mon voisin (4).

Mais si, pour éviter le dommage, je n'avais pas besoin d'en causer un à mon tour, l'immunité ne s'appliquera plus. Ainsi quelqu'un trouve une jument dans son pré ; il la repousse si violemment qu'elle avorte, il est responsable (5).

De même je ne puis me faire justice à moi-même, que tout autant que les magistrats, n'auraient pas le temps ou la faculté d'intervenir.

Proculus nous fournit l'exemple suivant : une personne a fait un avant-toit sur la maison d'un autre. Celle-ci coupe l'avant-toit, il y a action ; car la personne lésée pouvait agir par l'action négatoire.

Il en serait autrement d'après un rescrit de l'empereur Sévère, si on avait fait passer un aqueduc dans ma maison sans servitude. Ici je puis détruire de ma propre autorité cet aqueduc, parce que le travail a été fait chez moi, tan-

---

(1) L. 50, D. h. t.
(2) L. 45, § 4, D. h. t.
(3) L. 37, D. h. t.
(4) L. 49, § 1, D. h. t. V. l. 29, § 3, D. h. t.
(5) L. 39, pr. D. h. t.

dis que dans l'autre cas, l'avant-toit avait été construit de la maison du voisin (1).

5° *De la preuve dans l'action de la loi Aquilia.* — Le demandeur doit évidemment ici comme ailleurs fournir la preuve des faits qu'il allègue ; il doit donc prouver : 1° l'existence et la qualité du *damnum* : nous verrons bientôt sur quelles bases se fait ici l'estimation ; 2° que le *damnum* a été donné *corpori* ; 3° qu'il a été donné par le défendeur *corpore* ; 4° enfin doit-il prouver que le dommage a été causé *injuriâ ?*

Au premier abord, il semble que ce n'est pas là une question et que la preuve est à la charge du demandeur, mais cependant ne pourrait-on pas raisonner ainsi, et dire : pour que le dommage ne soit pas imputable au défendeur, il faut qu'il soit le fruit du hasard ou qu'il y eût folie ou permission de la loi, et de pareils événements ne se présument pas. Et comme d'autre part, ils tendent à la libération de l'auteur du dommage, c'est à lui d'en administrer la preuve : *reus in excipiendo fit actor.* Nous ne croyons pas qu'il soit possible de résoudre cette question d'une manière absolue, il faut user de distinction. Si le défendeur s'abrite derrière l'impuberté, le demandeur devra prouver que, quoique impubère, il était *doli capax ;* car la présomption est que l'impubère n'est pas responsable, qu'il ne peut commettre de faute.

Si le défendeur s'abrite derrière la folie, nous pensons au contraire que c'est à lui à en faire la preuve ; car la présomption est, que toute personne pubère est responsable de ses actions et capable de faute.

Si le défendeur s'abrite derrière la légitime défense, nous croyons encore qu'il en devra faire la preuve. Quand un homme cause des blessures à un autre ou le tue, personne n'osera soutenir qu'il doit être présumé avoir eu le droit

---

(1) L. 29, § 1, D. h. t.

de le faire ; c'est donc à lui à démontrer le fait justificatif, l'absence de responsabilité.

Nous en dirons autant du cas de contrainte.

Restent les cas fortuits. Nous croyons fermement ici, que le demandeur, devant prouver que le dommage a été causé par la faute du défendeur, doit par là même prouver qu'il ne s'est pas produit par l'effet du hasard. Si on nous répondait que les cas fortuits ne se présument pas, et qu'il est dès lors bien extraordinaire de faire prouver par le demandeur qu'il y a absence de hasard, nous répliquerions qu'il est bien plus extraordinaire encore de présumer qu'une personne ignore qu'une chose est sa propriété, et cependant les jurisconsultes romains, par respect pour la règle que la preuve incombe au demandeur, n'avaient pas reculé devant une telle présomption. Les Institutes nous apprennent en effet qu'en cas de legs de la chose d'autrui, c'est au légataire à prouver que le défunt a su qu'il léguait la chose d'autrui et non pas à l'héritier à prouver qu'il l'a ignoré. *Quia*, dit Marius, *semper necessitas probandi incumbit illi qui agit* (1).

Cependant de grands esprits s'y sont trompés, comme on peut en juger par la phrase suivante de Doneau. « *Damno ita dato et non probetur ab eo qui dedit, culpa abfuisse, constituta est lege Aquilia eo nomine actio* (2). La preuve de l'absence de faute, c'est-à-dire du cas fortuit, est évidemment mise à la charge de l'auteur du dommage, du défendeur. Il est du reste facile de se rendre compte de cette erreur ; elle provient d'une confusion entre deux situations parfaitement différentes : celle d'un homme qui cause un dommage à celui envers lequel il n'était pas obligé — C'est là le cas de la loi Aquilia — et celle du débiteur tenu de la conservation de la chose d'autrui. Celui-ci est obligé de prouver le cas fortuit qui

---

(1) L. 21, D. XXII, 5.

(2) Donellus. De damno injuria dato, ch. XXVII, § 6.

le libère (art. 1302 C. N.), parce que le créancier n'a de
son côté à prouver que le contrat, le commodat, par
exemple, en vertu duquel l'autre était tenu de conserver
la chose et de la rendre. En d'autres termes la faute se
présume ici parce qu'elle peut résulter tout aussi bien
d'une omission que d'une commission.

Au contraire, quand deux hommes sont l'un à l'égard
de l'autre dans l'état de liberté naturelle, le demandeur
est obligé de prouver que l'obligation existe, et pour cela,
de prouver qu'il y a une faute commise, *culpa in committendo*, par le défendeur, que le dommage causé par
celui-ci est le résultat de son dol, de son imprudence, etc.,
et non pas du simple hasard. C'est pour n'avoir pas fait
cette distinction fondamentale que, suivant nous, certains esprits ont pu se méprendre, présumer la faute du
défendeur dans l'action de la loi Aquilia, et affranchir à
tort le demandeur de la preuve de cette faute. Telle est du
reste l'opinion de Voët, et il l'applique au cas le plus
grave, à celui d'incendie d'une maison. Ici on doit lutter
contre le vieil adage, que les incendies ont lieu d'ordinaire
par la faute des habitants. Cependant, pour Voët, le propriétaire de la maison voisine devra prouver la faute de
ceux chez qui le feu a pris originairement. Le propriétaire,
au contraire, de la maison occupée par un locataire et
brûlée, n'aura pas cette preuve à faire, parce que le locataire est son débiteur et doit prouver sa libération. C. N.
art. 1733.

SECTION III.

Du demandeur, du défendeur, de l'objet.

Nous avons vu les conditions générales de l'action de
la loi Aquilia; il faut maintenant l'examiner de plus près

et l'étudier au point de vue du demandeur, du défendeur, de l'objet.

§ 1.

A qui se donne l'action de la loi Aquilia?

Legis Aquiliæ actio hero competit, hoc est domino. L'action de la loi Aquilia est donnée au propriétaire. Il est indifférent que le propriétaire possède ou ne possède pas la chose; aussi le maître a l'action, même pour un esclave fugitif.

Il résulte de ce principe que si la chose est sans maître, l'action n'aura pas lieu. Ainsi un tombeau n'est pas considéré comme une propriété ordinaire. Si quelqu'un le détruit, au lieu de l'action de la loi Aquilia, il faudra agir par l'interdit *quod vi aut clam* (1); et cet interdit appartiendra à tous ceux qui avaient intérêt à la non violation du tombeau.

Revenons au principe que l'action appartient au seul propriétaire; nous avons à examiner diverses questions auxquelles il avait donné lieu.

Qu'arrivera-t-il, par exemple, si l'esclave héréditaire a été tué? Celse dit que l'hérédité jacente sera considérée comme propriétaire de l'esclave, et que l'héritier pourra poursuivre après l'adition (2). Et Pomponius étend cette idée au propriétaire lui-même qui serait captif chez l'ennemi au moment du dommage. A son retour, il pourra intenter l'action *jure postliminii* (3). Ulpien propose l'espèce suivante : Un esclave légué est tué avant l'adi-

---

(1) L. 2, D XLVII, 12.
(2) L. 15, § 2, D. ad. leg. Aq.
(3) L. 43, D. h. t.

tion d'hérédité, l'action de la loi Aquilia acquise par l'hérédité demeure à l'héritier. Si l'esclave a été blessé avant l'adition, l'action appartiendra toujours à l'hérédité; mais l'héritier devra la céder au légataire (1). Pourquoi cette différence entre le cas de mort et le cas de .imple blessure? Parce que, répond Pothier, le legs ne peut se réaliser que si l'objet existe au moment de l'adition, et on n'a pas admis que l'action de la loi Aquilia remplaçât l'esclave mort. Mais le même Ulpien avait prévu quelques lignes plus haut une autre espèce. Si l'esclave légué est tué après l'adition d'hérédité, l'action de la loi Aquilia compète au légataire, si celui-ci n'a pas accepté le legs après la mort de l'esclave; s'il l'a répudié, Julien dit que l'esclave appartient à l'héritier. Nos anciens auteurs ne pouvaient comprendre pourquoi Ulpien exige que le légataire n'ait pas accepté le legs après la mort de l'esclave. Ils disaient, peu importe l'acceptation dès qu'il y a eu adition d'hérédité; l'esclave légué (*per vindicationem*) est devenu la propriété du légataire, qu'il le sache, ou qu'il ne le sache pas. En conséquence, ils proposaient de supprimer la négation. Et, en effet, Pothier nous dit, que si elle se trouve dans la Florentine, et *in græca metaphrasi*, elle n'est pas dans la Vulgate et dans Haloander. On a voulu depuis expliquer cette négation par la controverse qui a existé entre les Sabiniens et les Proculiens sur la manière d'acquérir la chose léguée *per vindicationem*, controverse qui nous a été révélée par les Instituts de Gaïus. Pour les Sabiniens cette chose appartient aux légataires, *statim post aditam hereditatem, etiamsi ignoret sibi legatum esse demissum*, dès l'adition d'hérédité quand ils ignoreraient le legs. Pour les Proculiens la chose léguée n'appartient aux légataires, après l'adition, que du moment où ils auront accepté le legs. Jusques alors la chose serait pour eux *res nullius*.

_____

(1) L. 18 pr. D. h. t.

Gaïus ajoute que l'opinion des Sabiniens est condamnée par un rescrit d'Antonin-le-Pieux. Alors, ont dit de nos jours certains interprètes, le texte d'Ulpien est conçu dans l'opinion des Proculiens, puisque le légataire a l'action, s'il a accepté le legs avant la mort de l'esclave. Mais, pouvons-nous objecter, s'il a répudié le legs après la mort de l'esclave, personne n'aurait l'action puisque l'esclave était *res nullius* au moment de la mort, ce qui serait une conséquence bien bizarre de l'idée des Proculiens. Hâtons-nous de dire qu'il y a autre chose encore contre cette nouvelle interprétation. C'est que Gaïus avait trop facilement condamné l'opinion des siens, et qu'au temps classique, la doctrine des Sabiniens l'avait emporté malgré le rescrit très peu probant en effet d'Antonin-le-Pieux. Nous allons en trouver la preuve en dehors de notre titre et dans notre titre même : *Legatum ita dominium rei legatarii facit ut hereditas heredis res singulas.* Le legs fait avoir la propriété de la chose au légataire comme l'hérédité, la propriété des choses héréditaires à l'héritier, dit Papinien (1). Or, l'héritier devient propriétaire par l'adition, donc cette même adition rend le légataire propriétaire; car Papinien dit que c'est le legs et non pas l'acceptation du legs qui rend le légataire propriétaire et il développe cette idée de la façon la plus nette dans la suite du texte.

Mais de plus, notre titre lui-même va nous fournir des arguments. Stichus est légué à Titius et à Seius. Stichus est tué pendant que Seius délibère, et alors que Titius a accepté le legs; après quoi Seius a répudié. L'action ne se partagera pas entre Titius pour sa part et l'héritier pour la part de Seius, mais elle appartiendra toute entière à Titius *quia retro accrevisse dominium ei videretur;* parce que la propriété paraît lui être venue postérieurement par accroissement. Cette propriété pour accroître rétroac-

_____

(1) L. **80**, D. De leg. sec.

tivement à Titius a dû quitter quelqu'un, c'est-à-dire le colégataire Seius, d'après l'opinion Sabinienne. Ce *retro* n'aurait en effet aucun sens dans l'opinion des Proculiens, puisque, jusques à la répudiation de Seius, sa part de l'esclave étant *res nullius*, Titius, resté seul, légataire acquerrait cette part en vertu du droit d'occupation et sans rétroactivité. Si nous faisons remarquer que cette petite phrase appartient à Ulpien, qu'elle est tirée du même livre de son commentaire sur l'édit que le texte qui nous occupe, nous aurons démontré, ce nous semble, que la découverte des Institutes de Gaius n'a pas rendu raison de cette négation et qu'il faut bien se résigner à la faire disparaître (1).

Il arrive quelquefois que le propriétaire doit céder son action; nous l'avons vu tout à l'heure au cas où l'esclave héréditaire a été blessé avant l'adition d'hérédité. L'héritier a dû céder son action au légataire de cet esclave. Il l'aurait conservée si l'esclave eût été tué

---

(1) L. 21, 55, 56, pr. D. h. t. Textes choisis sur la théorie des obligat. en Dr. rom., par Vernet, p. 140, 141.

Première observation. — Il n'est pas sûr, comme nous l'avons affirmé, que l'opinion des Labiniens l'ait emporté. D'après M. Marhelard (*Dissertation sur le droit d'accroissement entre les héritiers testamentaires et les colégataires, aux diverses époques du Droit romain*, p. 205, N° 1) le parti auquel s'arrêta la jurisprudence fut que la propriété de l'objet légué serait en suspend jusques au jour de la déclaration faite par le légataire. En cas de répudiation, il est censé n'avoir jamais été propriétaire ; mais pourvu qu'il accepte, le droit de propriété remonte jusques au jour de l'adition d'hérédité. V. l. 15. D. de reb. cred.?

Deuxième observation. — En commentant les lois 54, 55, 56 pr. du titre *Ad legem Aquiliam*, nous n'avons pas oublié que les lois caducaires étaient en vigueur au moment où ces textes étaient écrits, mais Justinien abrogeant ces lois a dû supprimer la qualité *de miles* chez le testateur, tandis que les compilateurs ont conservé la mention de cette qualité dans la loi 51 D. de test. mil. *Vide* M. rhelard, *Dissertation sur l'accroissement*, p. 225, N° 1.

plutôt que blessé. Cette cession sera aussi nécessaire au
cas où l'esclave blessé aurait été vendu à un acheteur qui
exercerait l'action redhibitoire; cet acheteur mettant en
mouvement cette dernière action doit évidemment céder
celle de la loi Aquilia (1).

De même le vendeur doit céder à l'acheteur l'action de
la loi Aquilia, si un dommage a été causé à la chose vendue pendant que le vendeur le conservait aux risques de
l'acheteur (2). Ceci suppose que le vendeur était propriétaire
de la chose vendue. S'il n'en était pas propriétaire, il ne
pourrait pas céder l'action de la loi Aquilia parce qu'elle
ne naîtrait pas en sa personne, mais l'acheteur aurait
alors l'action *empti* pour se faire payer une somme équi-
valente à celle qu'il aurait obtenue en vertu de la loi
Aquilia, parce que, dit Gains, s'il avait vendu sa propriété,
il aurait pu céder cette dernière action (3).

Que dire de l'hypothèse suivante, prévue par Julien :
Un possesseur de bonne foi d'un esclave est actionné en
revendication: sur ces entrefaites l'esclave a été tué, le
possesseur doit restituer l'action de la loi Aquilia. Mais
cette objection se présente que l'action de la loi Aquilia,
appartient directement au propriétaire qui revendique et
non pas au possesseur. Aussi Ulpien qui la prévoit sup-
pose-t-il que l'usucapion s'est accomplie depuis la *litis
contestatio* au profit du possesseur, et que celui-ci *pienum
jus incipit habere*. Alors, en effet l'action de la loi Aquilia
est bien née au profit du possesseur devenu propriétaire,
et il doit la céder.

Supposons maintenant, ajoute M. Pellat, qu'après avoir
acquis la propriété de l'esclave par usucapion, le défendeur ait cessé par dol de le posséder, en ait transporté la
possession non la propriété à un autre, et que cet autre

(1) L. 11, §7, D. h. t.
(2) L. 12, 13, 14, pr. D. XVIII, 6. L. 13, §12, D. XIX, 1.
(3) L. 58, §4, D. XVIII, 1. Inst. l. III, t. 25, §5.

l'ait tué *injuriâ*. Le défendeur ne sera pas quitte en offrant de céder au demandeur l'action de la loi Aquilia. Comme c'est par son dol qu'il a cessé de posséder, il est responsable de la valeur de l'esclave. Le demandeur aura donc le droit d'exiger ce qu'il jugera plus avantageux, ou le paiement de l'estimation, ou la cession de l'action (1).

Il importe peu du reste que l'action de la loi Aquilia soit née d'un délit au point de vue de la cession, car Ulpien pose d'une manière générale le principe de pareilles cessions (2).

De même que le propriétaire peut avoir à céder l'action de la loi Aquilia; de même, il peut arriver que d'autres que lui aient intérêt à l'exercice de cette action. Nous allons parcourir divers cas où il en est ainsi, et nous verrons que les jurisconsultes romains avaient accordé à ces personnes une action utile de la loi Aquilia sur laquelle nous aurons à nous expliquer plus tard.

1re *Hypothèse*. — La chose est chez un commodataire, un foulon ou tout autre qui sont payés pour la conserver, ou l'ont reçue à usage. Elle est détruite par un tiers, le commodataire a-t-il l'action de la loi Aquilia? L'action directe, évidemment non. Il n'aura pas non plus l'action utile; car, nous traduisons Voët, « le fait inique d'un tiers est un cas fortuit et non pas une faute en ce qui touche le commodataire ou le foulon. En effet, quelque soin que nous ayons, nous ne pouvons empêcher autrui de causer un dommage injuste, et comme le foulon, ni le commodataire ne sont tenus du cas fortuit, ils n'ont aucun intérêt à avoir une action (3). »

Mais il est possible qu'il y ait négligence du commodataire, du foulon ou du locataire; ils auraient peut-être

(1) Pellat, Traité de la propriété, p. 193, l. 171, D. VI, 1.

(2) L. 12, pr. D. L, 16.

(3) L. 11, § 9, D. h. t. L. 4, D. XIX, 2.

pu empêcher le dommage, ils sont alors tenus par l'action de commodat, de louage, envers le propriétaire, comme le disent Ulpien et Marcellus (1). Pourquoi n'auraient-ils pas alors à l'exemple de l'action *furti* l'action utile de la loi Aquilia jusqu'à concurrence de leur intérêt? Aucun texte ne la leur donne précisément. Mais Voët tire argument du cas *de furtum* et du cas de l'action *de pauperie* (2). Voët va plus loin, et dit que de son temps on a étendu, non sans raison, l'action utile de la loi Aquilia au commodataire exempt de toute faute pour l'indemniser de la privation de l'usage de la chose pendant tout le temps qu'il devait encore la conserver. Mais cette extension est étrangère au vieux droit romain (3).

2° *Hypothèse.* — Le créancier gagiste a-t-il l'action de la loi Aquilia? Si le gage a été détruit, il n'aura pas l'action directe, mais il aura une action utile toutes les fois que son intérêt l'exigera. Par exemple, en cas d'insolvabilité du débiteur et encore dans les deux espèces suivantes. Un esclave donné en gage a été tué. Le créancier aura l'action utile s'il a perdu son procès *tempore*, dit le jurisconsulte Paul; seulement pour que l'auteur du meurtre ne soit pas tenu deux fois, et envers le créancier par l'action utile, et envers le débiteur par l'action directe, on imputera sur la dette la condamnation obtenue par le créancier, et le débiteur ainsi libéré aura l'action directe de la loi Aquilia pour le surplus, pour la différence entre la dette et l'estimation du dommage. — Reste à savoir ce qu'il faut entendre par ce procès perdu *tempore*. « Les anciens auteurs, dit M. Machelard, s'accordaient pour supposer que l'action n'avait pas été accordée aussitôt qu'il y avait eu prescription. » Mais la prescription, assez rare au temps de Paul, a précisément pour effet d'empê-

(1) L. 41, D. XIX, 2.
(2) Inst. L. IV, t. 1, § 15 et 16. L. 2, D. IX, 1.
(3) Voët, Ad. leg. Aq. § 10.

cher un procès de s'élever, et le jurisconsulte suppose un procès perdu. Ajoutons que cette explication déjà si invraisemblable a de plus le tort de résoudre la question très controversée de savoir, si la prescription laisse subsister une obligation naturelle suffisante pour soutenir le gage. Il vaut donc mieux dire, toujours avec M. Machelard, qu'il s'agit ici de la péremption d'instance par le laps de dix-huit mois pour les *judicia legitima* d'après la loi Julia ou par la cessation de fonctions de magistrat pour les *judicia imperio continentia*. Cette péremption d'instance aurait été en vigueur au temps des jurisconsultes classiques, au moins en Italie et dans les provinces du peuple, et elle laissait subsister une obligation naturelle. Cette explication rend en effet très bon compte de la perte du procès *tempore* (1).

Marcellus propose encore l'espèce suivante (2) : Un débiteur a enchaîné pour une faute très légère l'esclave qu'il a hypothéqué. Le créancier a vendu l'esclave moins cher à cause du châtiment subi ; ce créancier a-t-il action contre le débiteur, parce que sa propre action ne peut lui faire obtenir le restant de sa créance par exemple, il en est privé par ce que *forte causa ceciderat* par quelque déchéance ? Je ne pense pas, dit le jurisconsulte, que la chose soit indigne d'un examen et du secours du préteur, et Ulpien ajoute : oui, si le débiteur a enchaîné l'esclave pour nuire au créancier ; non, si l'esclave a mérité son châtiment. Ainsi le créancier dans l'espèce a perdu son action sans doute pour plus pétition, il est demeuré créancier naturel et l'hypothèque dès-lors a pu subsister. Les jurisconsultes lui donnent l'action utile de la loi Aquilia contre le débiteur, comme ils la lui donneraient s'il avait éborgné l'esclave. Mais s'il avait été tué, ils donnent non plus l'action utile de la loi Aquilia, cela n'est pas

(1) Machelard, des Oblig. natur. en Dr. rom. p. 372 et suiv.
(2) L. 27, D. XX, 1.

nécessaire, mais bien l'action *ad exhibendum*, prélimi-
naire ici de l'action quasi-servienne comme elle l'est en
général de la *rei vendicatio*; et, comme l'exhibition sera
impossible, le créancier demandeur fixera lui-même l'é-
tendue de l'indemnité à laquelle il a droit. Il n'était donc
pas ici nécessaire d'étendre hors de ses termes l'action de
la loi Aquilia, puisqu'on avait directement une autre
action au profit du créancier.

3ᵉ *Hypothèse*. — Le possesseur de bonne foi, l'usufruitier, l'usager d'un esclave tué ou blessé ont-ils
l'action de la loi Aquilia? Nous répondrons toujours
qu'ils n'ont pas l'action directe, mais l'action utile.
L'usufruitier et l'usager l'auront même contre le propriétaire (1).

Il faut remarquer cependant que pour l'esclave possédé
de bonne foi par autrui, Ulpien donne au possesseur une
actio in factum et deux lignes plus bas l'action utile de
la loi Aquilia à l'usufruitier et à l'usager. Nous aurons à
examiner si ces deux actions sont identiques.

4ᵉ *Hypothèse*. — Une personne a bâti sur le fonds d'une
autre avec ses propres matériaux un aqueduc en vertu
d'un droit de servitude. L'aqueduc est détruit par le propriétaire du fonds servant. Le propriétaire du fonds do-
minant, constructeur de l'aqueduc, aura l'action utile de la
loi Aquilia, mais non pas l'action directe, parce que son
aqueduc est devenu la propriété du maître du fonds servant
quia non omne quod inœdificatur solo cedit (2).

5ᵉ *Hypothèse*. — Un fils de famille a été tué ou blessé. Le
père aura l'action utile de la loi Aquilia, parce qu'il n'est
pas considéré comme le propriétaire de ses enfants (3).

---

(1) L. 11, § 10, D. Ad leg. Aq. l. 17, § 3, D. VII, 1. L. 11, § 8, D. h. t.
L. 12, D. h. t.
(2) L. 27. § 32, D. h. t. Inst. l. II, t. I, § 29 l.
(3) L. 7, pr. D. h. t.

4

6e *Hypothèse.* — Un homme libre est blessé : a-t-il, à raison de cette blessure, l'action de la loi Aquilia ? Ulpien répond qu'il n'aura pas l'action directe, mais l'action utile *quoniam dominus membrorum suorum nemo vide-tur* (1).

Est-il vrai qu'on ne soit pas le propriétaire de son corps ? Il semble au contraire que c'est la seule chose dont on soit véritablement propriétaire. On n'a sur les objets exté-rieurs que des droits de propriété ou autres, mais on a véritablement son individu, sa personne, et c'est ici plus que partout ailleurs qu'il est impossible de distinguer la chose, objet du droit, de ce droit lui-même. Du reste, Ulpien ne se donne-t-il pas un démenti lorsqu'il dit ailleurs qu'il est permis à tous et même aux esclaves *naturaliter in suum corpus sevire* (2). Il considérait donc l'esclave lui-même comme propriétaire de son corps d'après le droit naturel. La véritable raison nous paraît ressortir des termes mêmes de la loi Aquilia qui ne parle que du dommage causé à un esclave, à un animal, ou aux autres choses, et jamais à un homme libre ; il fallait donc étendre dans ce dernier cas les termes de la loi et donner une action utile (3). L'objet de l'action pour l'homme libre

_____

(1) L. 13, D. h. t.

(2) L. 9, § 7, D. h. t.

(3) Ulpien, dans le dernier texte cité, parle évidemment d'après la doc-trine des Stoïciens, qui regardaient le suicide comme permis à ceux aux-quels la vie était devenue insupportable. Sénèque a développé dans plu-sieurs de ses ouvrages les mêmes idées. «Qu'attends-tu, dit-il en gémissant, de quelque côté que tu portes tes regards, tu trouves la fin de tes maux. Vois-tu ce précipice, par lui tu descends à la liberté. Vois cette mer, ce fleuve, ce puits, la liberté est au fond. *Vides illam arborem, brevem retori dam infelicem pendit inde libertas.* Veux-tu chercher quel est le chemin de la liberté, chaque veine de ton corps y conduit. (Sénèque, livr. III, de *Ira* ch. XV.) Sénèque prouva, du reste, par sa mort, qu'il savait pratiquer cette maxime. César aussi avait développé des idées, au nom de la philoso-phie d'Épicure, à peu près pareilles dans le Sénat, lorsqu'il s'opposait à la

blessé sera évidemment la répétition de ses dépenses pour
se faire soigner et l'indemnité pour le travail et le gain
qu'il a ainsi manqué ou manquera de faire. Y aura-t-il une
estimation pour la déformation du corps? Voët ne le
pense pas, puisque, dit-il, en Droit romain, le corps d'un
homme libre ne vaut à proprement parler aucune estimation.

Il faudra en dire autant du cas de l'action exercée par
le père de famille à l'occasion de la blessure de son fils (1).
De ce que nous venons de dire sur l'homme libre, il suit
que si un esclave, blessé mortellement, a été institué héritier et affranchi par son maître, et qu'il soit ensuite mort,
son héritier n'aura pas contre le meurtrier l'action de la
loi Aquilia, parce que, disait Sabinus, cet esclave, devenu
libre, n'avoit pas pu transmettre à son héritier une action

---

peine de mort contre Catilina. *Alter*, dit Cicéron en parlant de lui, *mortem
a diis immortalibus non esse, supplicis causa constitutam sed haud necessitatem
naturae aut laborum miserariarum quietem esse itaque eam sapientes nunquam
inviti fortis etiam sæpe libenter opetiverant vincula vero et ea sempiterna certe
ad singularem pænam nefarii sceleris intentarunt.* (Cicéron, *in Catilinam ora-
tio*, IV, n° 4.) Ainsi la mort n'est pas un mal, elle est une simple nécessité de
nature, ou le repos après les travaux et les malheurs.

Nous n'avons pas besoin de dire combien le point de vue chrétien est
éloigné de cette apologie du suicide de la philosophie stoïcienne. Personne
ne doute aujourd'hui que le suicide loin d'être un droit, ne soit un crime
puni par le droit criminel, en certains pays, bien que notre Code pénal ne
l'ait pas atteint. Tout le monde sait aussi combien est condamnable au
point de vue moral et religieux, cette sorte de faillite faite par l'homme à
la Providence qui lui a donné la vie comme une épreuve et comme un moyen.

Le passage susvisé de Sénèque suffisait à lui seul, pour le dire en passant, à infirmer l'opinion qui lui a attribué des relations et une correspondance avec l'apôtre saint Paul. Ces rapports supposés ont été récemment
réduits à néant dans un livre spécial, par M. Charles Aubertin. (V. *Moni-
niteur universel* du 8 janvier 1870, art. de M. Léo Joubert.)

(1) Voët, Ad legem Aq. § 11. L. ult. D. De his qui dej. vel efud. L. 3,
D. Si quid paup. fec. IX, 1, l. 13, § 4. D. locat., l. 5, § ult., l. 6, 7, D.
h. t.

qu'il n'aurait pas eue lui-même ; il arriverait ceci d'absurde
que l'héritier obtiendrait le prix de celui dont il est l'héritier (1).

Examinons le cas où l'esclave a été blessé avant la mort
du maître : celui-ci a l'action directe ; et, s'il est mort lui-
même, l'esclave est devenu libre et héritier nécessaire. Il
n'a pu succéder à cette action directe, parce qu'elle n'aurait pas pu commencer en sa personne, comme le dit Mar-
cien (2). Cette action directe s'est donc changée en une action utile de la loi Aquilia pour le remboursement des frais
et du gain manqué. C'est cette action utile que l'affranchi
mourant, à son tour, transmettra à son héritier. Mais, si
l'esclave n'avait été institué héritier par son maître que
pour partie, son cohéritier, dit Marcellus, pourra agir après
la mort de l'esclave par l'action directe de la loi Aquilia.
Mais sera-ce pour sa part héréditaire ou pour le tout?
Accurse pensait que ce serait seulement pour sa part héréditaire. Cujas applique, au contraire, cette idée, que ce qui
ne peut être acquis dans une hérédité à l'un des héritiers,
doit rester à un autre pour le tout, et il argumente de diverses lois (3).

Si ce que nous avons dit est vrai sur l'objet de l'action
relative à un homme libre, on pourrait n'avoir pas à
prendre parti entre Accurse et Cujas, et critiquer la décision
de Marcellus. En effet, le maître a bien eu l'action directe
pour le meurtre de l'esclave, et il l'a transmise dans sa
succession ; seulement l'esclave blessé, dont l'estimation
faisait l'objet de l'action, est devenu un homme libre ; l'action directe s'est, en sa personne, transformée en une action utile, ayant un autre objet que son estimation. N'est-il
pas vrai de dire que Marcellus se trompe, et que, dès-lors,
l'action directe, appartenant à l'héritier, a disparu par la

(1) L. 15, § 1, D. h. t. L. 16, 36, § 1, D. h. t.
(2) L. 16, D. h. t.
(3) V. Pothier, ad leg. Aq. n° 36.

raison même que vient de donner Marcellus, parce qu'il serait absurde qu'il reçut le prix de son cohéritier? En conséquence nous pensons que, après la mort de l'esclave affranchi, le cohéritier de cet esclave n'aura aucune action à raison du meurtre, et que l'héritier de l'affranchi aura l'action utile avec l'objet que nous savons. Le texte de Marcellus renfermerait donc une inexactitude, que ce jurisconsulte lui-même permettrait de constater dans la phrase qui précède immédiatement la décision que nous venons de critiquer.

7ᵉ hypothèse. — Le demandeur, auquel appartient l'action directe ou utile, vient à mourir : cette action sera transmise à ses héritiers et à ses autres successeurs (1).

§ 2.

Contre qui se donne l'action?

L'action se donne contre l'auteur ou les auteurs du dommage. Pour développer cette idée, nous distinguerons les hypothèses suivantes : 1° L'auteur est seul et homme libre; 2° l'auteur est seul et esclave; 3° l'auteur est seul et fils de famille; 4° les auteurs libres, esclaves ou fils de famille sont multiples; 5° l'auteur est mort.

1ʳᵉ Hypothèse. — *L'auteur est seul et homme libre.* L'action sera donnée contre lui, quand bien même il serait le mari ou la femme de ce propriétaire. Cette action, en effet, n'est pas infamante, et c'est pourquoi elle peut avoir lieu entre époux (2).

---

(1) L. 23, § 8, D. h. t.
(2) L. 56, D. h. t.

Nous avons vu qu'il n'est pas toujours facile de discerner le véritable auteur, notamment dans l'espèce ci-dessus discutée des chars qui montaient au Capitole.

L'action de la loi Aquilia présente ceci de particulier qu'on peut être tenu par le meurtre d'un autre, lorsque la faute vous est personnelle. Ainsi, le maître sera tenu directement si son esclave a causé un dommage par son ordre ou de son consentement. Il en est de même de celui qui a pu empêcher le mal de se produire, et qui ne l'a pas fait, de même d'un homme libre qui a donné l'ordre à son inférieur de faire une blessure (1).

Qu'arriverait-il si une personne donnait mandat à une autre de commettre un dommage injuste? Evidemment, celle-ci ne serait pas forcée d'exécuter le délit, et le mandant n'aurait pas contre lui l'action *mandati directa*. Mais il est possible que le mandataire ait exécuté le mandat, il sera tenu alors de la loi Aquilia envers le propriétaire de la chose, objet du délit; mais aura-t-il un recours par l'action *mandati contraria* contre son mandant? Pas davantage, parce que l'immoralité est ici commune aux deux parties, et alors le droit n'a pas à s'interposer entre elles. Il refuse de les écouter et les laisse dans le *statu quo*, soit qu'il y ait eu ou non exécution de leur honteuse convention.

Une autre question à discuter, à propos de cette espèce, est celle-ci : au cas d'exécution du mandat, le demandeur ne pourrait-il pas poursuivre le mandant au lieu du mandataire, si celui-ci, par exemple, était insolvable? Il nous semble que l'on peut répondre affirmativement, car le dommage résulte bien ici d'une faute personnelle au mandant accomplie par le ministère d'un tiers (2).

Les jurisconsultes Romains avaient eu à s'expliquer sur

---

(1) L. 44, § 1, l. 45, l. 57, pr., D. h. t.
(2) Inst. l. III, t. 26, § 7. Gaius, Inst. com. III, § 157.

le cas où l'auteur aurait fait un faux aveu de meurtre ou
de blessure, et ils avaient naturellement décidé qu'il n'y a
pas lieu à l'action de la loi Aquilia , parce que aucune estimation n'est possible en l'absence du meurtre ou de la
blessure ; mais qu'arriverait-il si l'aveu émanait d'un tiers,
comme un procureur, tuteur, curateur, ou tout autre, et
qu'il y eût réellement meurtre ou blessure ? On ne pourrait
donner contre ces personnes l'action de la loi Aquilia,
mais on donnera contre elles une action *confessoria utilis ;* évidemment, à l'exemple de la loi Aquilia. Ici, comme
le font très-bien observer Ulpien et Paul , l'action n'est
donnée que pour un débat sur l'estimation. *Nam nullæ
partes sunt judicandi in confitentes* (1).

2° Hypothèse. — *L'auteur est seul et esclave.* — S'il a
commis un dommage envers son maitre, il n'y aura pas
d'action même après l'affranchissement de l'esclave (2);
si le délit a été commis envers une autre personne et sans
l'ordre et le consentement du maitre, celui-ci ne sera pas
soumis à l'action directe de la loi Aquilia , mais à l'action
noxale. Nous savons de plus que cette action noxale suit
la tête de l'esclave en quelques mains qu'il passe ; et enfin
que si l'esclave était affranchi, l'action serait directement
donnée contre lui. C'est l'application ordinaire du principe
des actions noxales (3). Le jurisconsulte Paul prévoit
l'espèce suivante : l'esclave d'une hérédité jacente commet
un dommage sur une chose héréditaire avant l'adition.
Devenu libre , il cause un nouveau dommage sur cete
chose. Il sera tenu , dit Paul , *utraque actione* de l'une et
l'autre action. Seront-ce deux actions directes de la loi
Aquilia ? Non, car pour le premier dommage, il n'est soumis à aucune action, puisqu'il l'avait commis contre son

----

(1) L. 23, § 11, l. 24, 25, 26, D. h. t.
(2) Inst. L. IV, t. 8, § 6.
(3) § 2, 3, 5 aux Inst.

maître, l'hérédité jacente. Ce sera donc encore une action *in factum* (1).

3° *Hypothèse.* — *L'auteur est seul et fils de famille.* — Ici, du moins sous Justinien, l'abandon noxal n'est pas possible (2), mais il y a une autre voie : le fils de famille est directement et civilement tenu de ce délit. Il sera poursuivi par l'action de la loi Aquilia et la condamnation sera exécutée contre le père, jusques à concurrence du pécule du fils de famille, par l'action *judicati de peculio.*

4° *Hypothèse.* — *Les auteurs, libres, esclaves, ou fils de famille sont multiples.* — Plusieurs hommes libres ont frappé un esclave; tous sont-ils tenus comme meurtriers? Il faut distinguer: si on peut constater qu'il est mort du coup porté par l'un d'eux, celui-ci est tenu comme meurtrier, l'autre comme ayant blessé ; si cette constatation est impossible, tous sont tenus comme meurtriers (3).

La même idée est appliquée, au cas où plusieurs personnes ont fait tomber une poutre ou écrasé un homme (4) et aux magistrats municipaux qui auraient causé un dommage injuste (5).

Ce qu'il y a ici d'important à considérer , c'est que, d'après Julien et Ulpien qui déclarent s'appuyer de coutumes anciennes, tous sont tenus pour le tout, et l'action intentée contre l'un d'eux ne libère pas les autres, non plus que le paiement fait par l'un d'eux. *Nam ex lege Aquillâ, quod alius præstitit, alium non relevat : cum sit pæna* (6). Ceci n'aurait rien d'extraordinaire si l'action de la loi Aquilia était purement pénale, comme par exemple l'action

---

(1) L. 48, D. h. t.
(2) Inst. l. IV, t. 8, § 7.
(3) L. 11, § 2, D. h. t.
(4) L. 11, § 4. D. h. t.
(5) L. 29, § 7, D. h. t. V. aussi l. 11, § 1, l. 51, D. h. t.
(6) L. 11, § 2, D. h. t.

furti. Mais nous savons que, dans la condamnation, l'indemnité est toujours représentée et qu'il est même possible que la condamnation soit justement égale à la valeur, si la chose a eu le même prix dans l'année ou les trente jours qui ont précédé le délit. C'est en ce sens que les institutes qualifient de mixte, l'action de la loi Aquilia, c'est-à-dire ayant pour objet tout à la fois la poursuite du châtiment et celle de la chose (1). Or il est de principe, que quand plusieurs sont tenus pour le tout d'une indemnité, le paiement fait par l'un, libère les autres ; il nous suffira de citer deux actions voisines de celles de la loi Aquilia, l'action *quod metus causâ* et l'action *de effusis vel dejectis* (2). Pourquoi cette différence dans l'action de la loi Aquilia, et pourquoi ne pas dire que le paiement de l'un des auteurs, libérera les autres au moins pour la partie de l'action qui correspond à l'indemnité?

Voulant tout expliquer, Voët, pour l'action *quod pectus causâ* fait remarquer qu'au début elle est simplement *rei persecutoria*, et que la condamnation n'arrive au quadruple que par la résistance injuste du défendeur à l'ordre du juge. En sorte que le demandeur, ayant déjà la chose en vertu de la restitution faite par l'un des auteurs, ne pourrait pas la demander à un autre auteur, puisque cette restitution est seule l'objet de sa demande, tandis que l'action de la loi Aquilia est pénale dès le début ; mais cette interprétation, à peine satisfaisante pour l'action *quod metus causâ*, manque complètement pour l'action *de effusis vel dejectis*, car celle-ci est dès le début donnée pour le double du dommage (3). Mais Voët n'est pas encore à bout de raisons, et il dit : si le paiement fait par l'un des maîtres de la maison, libère les autres dans

_____

(1) Inst. l. IV, t. 6, § 19.
(2) L. 14. § ult. l. 15, 16, D. quod met. caus. l. 1, § ult. et seq. D. de his qui dej. vel d.
(3) Inst. l. IV, t. 5 § 1.

l'action de *effusis* ; c'est parce qu'il ne fait pas les poursuites avec trop de rigueur, puisqu'ils sont obligés plutôt à
cause des délits d'autrui, qu'en vertu de leur propre fait ; et
qu'il n'en est pas ainsi dans l'action de la loi Aquilia (1).
M. de Savigny n'a sans doute pas été satisfait de ces ten-
tatives d'explication, car il donne la sienne. « La considération suivante vient, dit-il, justifier cette décision des
anciens jurisconsultes ; la loi permet à la partie lésée de
poursuivre chacun des coupables comme si l'acte n'avait
pas été commis actuellement, mais à une époque quelconque de la dernière année. Cette fiction une fois admise, on
arrive, pour chacun des coupables, à un moment où les
autres n'agissent pas de concert avec lui. C'est pourquoi
il doit payer la totalité du dommage (2). » Cette manière
de tourner la difficulté, qui nous occupe, ne nous paraît
pas plus admissible que celle de Voët. Puisque le délit a été
commis en même temps par tous les auteurs, on doit remonter pour l'estimation du dommage au même moment
de la dernière année, celui où la chose a eu le plus de
valeur. Mieux vaut dire, ce nous semble avec M. Demangeat, que l'idée de peine absorbe en quelque sorte, ici,
l'idée d'indemnité, et que, s'il en est autrement, au cas de
l'action de *effusis vel dejectis*, il nous est impossible de
justifier cette différence (3).

Si les auteurs multiples, au lieu d'être des hommes libres, sont plusieurs esclaves du même maître, dans la
rigueur du droit, on pourrait donner l'action noxale contre
le maître, à raison de chacun des esclaves ; mais les jurisconsultes sont d'accord pour engager le préteur ou le
président de la province à venir au secours du maître, ici
comme dans le cas de *furtum* et même, à plus forte raison,
à ne donner l'action que jusques à concurrence de ce

---

(1) Voët, ob. tit. § 8.
(2) Savigny, Traité de Droit romain, V. p. 232, traduction Guenoux.
(3) Demangeat, Traité des oblig. solid. en Dr. rom., p. 179.

que paierait le maître lui-même s'il avait commis le délit. La raison pour le *furtum*, dit Gaius, c'est qu'il ne faut pas que pour un seul délit, le maître soit privé de tous ses esclaves. Cette même raison se retrouve dans l'action relative au dommage injuste; et l'estimation se fera de même, surtout si on considère que, plus d'une fois, le délit est moindre, par exemple, lorsque le dommage est causé par faute et non par dol (1).

Si tous les auteurs sont fils de famille, nous devrons, ce nous semble, appliquer le même principe que pour les esclaves, et donner contre le père l'action *judicati de peculio*, jusques à concurrence seulement de ce qu'aurait à payer le père de famille lui-même, s'il eût commis le délit. Cependant nous ne proposons pas cette solution sans quelque hésitation, parce qu'il serait possible que chaque enfant eût un pécule *castrans* suffisant pour acquitter la condamnation, et alors le demandeur aurait autant de fois cette somme qu'il y a eu de délinquants. Mais en l'absence d'un pareil pécule, serait-il juste que le père de famille fût ruiné par un seul délit commis par tous ses enfants?

Ne terminons pas le cas de la pluralité des auteurs, sans faire remarquer combien toutes ces décisions des jurisconsultes romains sont étrangères au problème de la complicité pénale. Il ne s'agit pas, en effet, de savoir qu'est-ce qui différencie le coauteur du complice, ni s'il a mérité un châtiment plus fort que les autres; il s'agit uniquement de régler une question d'indemnité due par plusieurs débiteurs. Aussi nos anciens auteurs ont-ils été bien mal inspirés, lorsqu'ils ont voulu déduire des textes sur la loi Aquilia, la théorie admise par notre Code pénal, art. 59, de l'assimilation entre les auteurs et les complices.

3° *Hypothèse. — L'auteur ou les coauteurs sont morts.* — Si l'auteur est mort après la *litis contestatio*, le de-

---

(1) L. 52, pr. D. h. t. Conf. l. 9. D. XI, 1.

mandeur poursuivra son héritier à cause de l'espèce de novation qu'a produite la *litis contestatio*. *Neque*, dit le jurisconsulte Paul, *deteriorem causam nostram facimus, actionem exercentes, sed meliorem; ut solet dici in his actionibus quæ tempore vel morte finire possunt* (1). L'obligation, de pénale qu'elle était, devient semblable à une obligation contractuelle : *post litem contestatam condemnari oportet*, dit Gaius, pour montrer cette obligation créée par la *litis contestatio*.

Si la mort est antérieure à la *litis contestatio*, le caractère pénal de la loi Aquilia que nous avons vu prévaloir tout-à-l'heure, l'emporte également ici, et on distingue si les héritiers retirent ou non un profit du délit. En cas de profit, ils seront obligés jusques à due concurrence. Si non, ils ne seront aucunement tenus (2). Il n'est pas difficile de faire ressortir l'insuffisance d'une pareille décision, puisque l'action de la loi Aquilia a, non-seulement le caractère d'une peine, mais encore celui d'une indemnité. Chose singulière, nous venons de voir tout à l'heure le demandeur recevoir plusieurs fois l'indemnité, et nous le voyons ici, à l'inverse, ne plus la recevoir du tout. Le défaut d'équité est dans ce dernier cas si éclatant, que, dans certains pays au moins, on avait repoussé cette distinction, malgré le religieux respect de la loi romaine (3). Voët, auquel nous renvoyons, déclare aussi que de son temps, il est plus vrai de dire en cas de délit commis par plusieurs, que les autres ne sont plus tenus après la réparation totale payée par l'un d'eux.

---

(1) L. 29, D. XLVI, 2. Gaius, Com. III, n° 181.
(2) L. 23, § 8 D. hoc. tit. Inst. hoc. tit. § 9.
(3) V. Voët, ad leg. Aq. § 12.

§ 3.

Objet de la loi Aquilia.

L'objet de la loi Aquilia est la réparation du dommage causé. Seulement, nous avons vu, par le texte même du premier et du troisième chef, que le droit romain avait établi ici une manière particulière d'estimer le dommage. Le premier chef dit, en effet, *quanti his homo in anno plurimi fuisset* ; le troisième, *quanti in trigenta diebus proximis fuit*. Il faut donc remonter à un an ou à trente jours en arrière du délit, et prendre dans cet intervalle la plus haute valeur. Il est vrai que le mot *plurimi* n'est pas ajouté dans le texte du troisième chef. Mais Sabinus avait pensé avec raison, et son opinion avait prévalu (1) : qu'il fallait le sous-entendre dans ce troisième chef, et que l'auteur de la loi s'était contenté de spécifier dans la première partie (1). C'est en faisant allusion à ce retour en arrière que Cujas dit : *Et breviter, ut nostri doctores dicunt : Gaius Aquilius auctor hujus legis oculos habuit in occipitio. Sunt faceti interdum plerumque infaceti* (2). Et cette plaisanterie d'auteurs, habituellement peu plaisants d'après Cujas, lui paraît tellement agréable, qu'il ne manque pas une occasion de la reproduire (3).

Cette évaluation rétroactive avait donné lieu à quelques difficultés. Que dire, par exemple, si l'esclave est mort un

---

(1) Gaius, Com. III, § 218. Inst. l. IV, 3, § 15, 1. 29, § 8, D. h. t.
(2) Cujus, Com. in l ibr. LXXXVI, Dig. Julo Jul. Ad legem Aquil. 6.
(3) V. Cujas, ad leg. Aq.

certain temps après la blessure ? Fera-t-on courir l'année en arrière du jour de la blessure ou de celui de la mort ? Suivant Julien, approuvé par Ulpien, du jour de la blessure ; suivant Celse, du jour de la mort (1).

De même, on s'était demandé comment on pourrait faire pour appliquer le premier chef de la loi Aquilia au maître d'un enfant de moins d'un an, et on avait naturellement répondu que l'estimation se bornerait à la durée de sa vie (2).

Cette différence d'un an à trente jours dans le temps de la rétroactivité, montre bien l'intérêt de la question qui s'élevait dans certains cas ; de savoir, si le coupable était tenu du premier ou du troisième chef.

Reste à rechercher maintenant ce que veulent dire les deux chefs par cette expression *quanti res fuerit.* Cela doit-il s'entendre de la valeur vénale, c'est-à-dire de l'équivalent du prix, ou de toute l'étendue du dommage, ou même enfin de l'intérêt d'affection ? Il est probable qu'à l'origine, ces expressions désignaient simplement la valeur vénale, et que plus tard, par l'interprétation, on les a entendues dans cette matière et dans quelques autres encore, de l'intérêt tout entier du dommage causé. Certains passages du Digeste autorisent à discuter sur ce point d'une manière générale (3). Mais, pour ce qui concerne la loi Aquilia, cette marche du droit n'est pas douteuse d'après les textes suivants : *Illud non ex verbis legis, sed ex interpretatione placuit, non solum perempti corporis œstimationem habendam esse secundum ea quœ diximus; sed eo amplius quidquid prœterea perempto eo corpore damni nobis allatum fuerit* (4). *Sed utrum corpus ejus solum œstimamus quanti fuerit cum occideretur, an*

(1) L. 21, § 1, D. h. t.
(2) L. 2, 3, § 7, D. h. t.
(3) L. 179 et l. 193, D. 1. 17.
(4) Inst. liv. IV, 3, § 10.

potius quanti interfuit nostra non esse occisum? Et hoc jure utimur, ut ejus quod interest fiat æstimatio (1).

Ainsi, toute l'étendue du dommage causé sera à la charge de l'auteur du délit, en prenant la plus haute valeur dans l'année où les trente jours qui l'ont précédé, mais l'intérêt d'affection n'entrera jamais en ligne de compte dans cette action, qui est exclusivement pécuniaire. Si on a tué mon esclave, qui était en même temps le fils naturel de quelqu'un qui me l'aurait acheté fort cher, ce n'est point le prix particulier que je pourrais demander, mais ce que l'esclave vaudrait pour tous.

Il nous reste maintenant à développer ces principes par quelques-unes des très nombreuses applications que fournit le Digeste : Un esclave, habile dans l'art de peindre, avait perdu le pouce, et il est tué dans l'année qui a suivi ; on devra, dans la loi *Aquilia*, estimer cet esclave à sa valeur, *priusquam artem eum pollice amisisset* (2).

Un esclave, que je devais livrer sous une clause pénale, est tué. *Utilitas in hoc judicium venit*, dit Paul, c'est-à-dire que j'obtiendrai le montant de la clause pénale (3). Le même jurisconsulte applique cette idée à la dépréciation résultant de ce qu'une troupe d'esclaves comédiens ou de ce qu'un attelage sont dépareillés par le meurtre de l'un des esclaves, ou de l'un des animaux (4).

Un quadrupède avait commis un dommage *(pauperiem)*, son maître était actionné et pouvait se libérer par l'aban-

---

(1) L. 28, § 2, D. h. t.

(2) D. 25, § 3, D. h. t. Nous citons ce cas parce que le texte d'Ulpien présente une erreur de rédaction. L'esclave paraît avoir lui-même l'action. Cujas, Observ. 27, II, propose de lire *heram* au lieu de *eam*. *Veteres*, dit-il, *eram sine aspiratione dicebant.*

(3) L. 22, D. h. t.

(4) L. 21, § 1, D. h. t.

don noxal ; survient une personne qui tue l'animal, celle-ci devra tout l'intérêt du demandeur à faire l'abandon plutôt qu'à payer le montant du procès (1).

De même, Neratius écrit que si l'esclave, héritier institué, est l'objet d'un meurtre, l'estimation de l'hérédité sera comprise (2).

Mais qu'arrivera-t-il, si un esclave, institué héritier avec la liberté par son maître, est tué ? S'il était tué après la mort du testateur, il serait déjà devenu libre et héritier, et nous avons vu plus haut jusques à quel point il pourrait transmettre l'action utile née de son propre meurtre. Il faut donc supposer qu'il a été tué avant la mort du testateur, et cela est d'accord avec le texte qui dit : *Si servus occisus fuerit*, qui le suppose donc tué à l'état d'esclavage. Le testateur acquiert l'action de la loi Aquilia, et, s'il l'exerçait, il obtiendrait la valeur de l'esclave sans y comprendre sa propre hérédité, non encore ouverte. Si donc le testateur meurt à son tour, il transmet son action telle quelle a été acquise à l'héritier substitué à l'esclave ou à l'héritier *ab intestat*. Julien a parfaitement raison de dire que cet héritier n'obtiendra pas, par l'action contre le meurtrier de l'esclave, l'estimation de l'hérédité, puisqu'elle n'a pas pu être acquise à l'esclave. Mais Ulpien va encore plus loin, et il dit au substitué : Comment avez-vous demandé le prix de l'esclave, puisque sans le meurtre il fût devenu libre et héritier, et qu'ainsi le meurtre même est la cause de votre acquisition? *Ego autem puto nec pari estimationem quia si hœro esset et liber esset*. Il n'est pas besoin de faire remarquer la tournure elliptique de cette phrase dont le sens est d'ailleurs parfaitement

(1) L. 37, § D. h. t.
(2) L. 23, pr. D. h. t.

clair. Si l'esclave eût vécu, et c'est l'idée sous-entendue, il fut devenu héritier et libre (1).

Rien de plus simple, ce nous semble, et de plus rationnel que cette explication; aussi avons-nous peine à comprendre comment Pothier a pu juger nécessaire d'ajouter au texte deux hypothèses absolument gratuites : l'une que l'institution de l'esclave a été faite sous condition, l'autre que le meurtre a eu lieu après la mort du testateur, *pendente condilione*. Nous croyons bien que dans ce cas la décision de Julien eût été la même, et que l'observation favorable d'Ulpien s'y appliquerait également, mais pas un mot dans le texte n'indique aucune de ces conditions, et, comme sa décision se justifie parfaitement sans elles, nous n'avons pas cru devoir les suppléer malgré la légitime autorité de Pothier (2).

Une personne est instituée héritière sous la condition d'affranchir Stichus. Celui-ci est tué après la mort du testateur; dans le prix de l'esclave sera comprise l'estimation de l'hérédité, puisque le meurtre fait défaillir la condition; s'il avait eu lieu du vivant du testateur cette estimation ne devrait plus être faite. *Quia retrorsum quantum plurimi fit œstimatio* (3). En effet l'hérédité est dans la valeur future de l'esclave et d'après le texte de la loi Aquilia, il faudrait qu'elle fût dans la valeur actuelle ou passée.

Nous nous sommes plus haut longuement occupés du cas où un esclave avait successivement reçu deux blessures mortelles de deux personnes différentes, et nous avons vu que pour Julien chacun des auteurs est tenu du premier chef de la loi Aquilia. En ce cas il pourrait se faire que l'estimation fût différente pour chacun des auteurs. Supposons, par exemple, que dans l'intervalle des deux blessures, il ait été

---

(1) L. 23, § 1, D. h. t.
(2) Pothier, Pand. in nov. ord. Ad leg. Aq., § 15.
(3) L. 25, § 2, D. h. t.

5

institué héritier; le premier auteur ne devra pas le prix
de l'hérédité, le second le devra, *ne intrum ridetur* dit
Julien dans cette loi 51, — que Cujas appelle *pulcherrima,*
explicatu dignissima, nec enim tam facilis quam vide-
tur, — *cum uterque eorum ex diversâ causâ et diver-*
sis temporibus occidisse hominem intelligetur (1).

Nous avons réservé, comme dernier exemple des difficultés sur l'estimation, le cas prévu par la loi 85 *Ad leg. Aqui-*
liam, tirée de ces livres célèbres *des questions de Paul*
auxquels nous devons peut-être les plus beaux fragments
du Digeste (2).

Cujas en commence l'explication en ces termes : « *Pro-*
positio hujus legis satis est aperta. Cœtera vera sub
obscura sunt. L'espèce est la suivante. J'ai promis à Titius,
Stichus ou Pamphile, Stichus vaut dix, Pamphile vaut
vingt. Titius le stipulant tue Stichus avant la mise en dé-
meure. *Quæsitum est de actione legis Aquiliâ?* Le jurisconsulte a répondu : c'est l'esclave le moins précieux qui,
en fait, a été tué. Dans cette hypothèse le créancier ne
diffère en rien d'un étranger. Qu'elle sera donc l'estimation ? Sera-t-elle de dix, le prix de l'esclave tué ? ou de la
quantité que je dois donner du *quanti interest meu ?* Et
que dirons-nous si Pamphile était venu à mourir sans que
le débiteur fût en demeure? Il faudra alors retrancher le
prix de Stichus, puisque le promettant est libéré, et il suffira que Stichus ait eu une plus value au moment du meurtre ou dans l'année. C'est pourquoi, quand bien même il ne
serait tué qu'après la mort de Pamphile, mais dans l'année de cette mort, Stichus paraîtrait encore avoir une plus
value — Telle est la traduction du texte qu'il faut maintenant expliquer — Stichus et Pamphile sont dus alterna-

---

(1, Cujas, in libro 86, D. Jul. Ad leg. Aq.

(2) Pour s'en convaincre, il suffit de se reporter notamment à la loi 40,
D. XII, 1, l. 8, D. XIX, 5, l. 16, D. XX, 4, l. 25, D. XXII, 5, l. 1, D.
XLVI, 1.

tivement à Titius, et celui-ci tue Stichus qui vaut dix ; le
débiteur sera obligé de donner Pamphile qui vaut vingt,
et Paul dit ici que la circonstance que l'*occisor* est le
créancier est indifférente. Si cet *occisor* était étranger,
le débiteur obligé de donner Pamphile, lui demanderait
la valeur de celui-ci par l'action de la loi Aquilia, c'est-à-
dire 20. L'*occisor* créancier lui devra donc 20 et rien n'est
plus naturel puisque tel est le dommage causé par la mort
de Stichus. Aussi le jurisconsulte pose-t-il seulement la
question et ne se donne-t-il pas la peine de la résoudre ;
tout cela découle des principes généraux. Mais arrivons
au deuxième cas prévu : que dire si Pamphile est mort naturellement sans que le débiteur soit en demeure? Si Stichus avait été tué, dans ce cas, par un étranger, que devrait
celui-ci? Il devrait encore 20 puisque, dans l'année qui a
précédé le meurtre, il y aurait eu un moment où le débiteur aurait pu se libérer en donnant Stichus au lieu de
Pamphile; tel est l'effet de la rétroactivité de l'estimation ;
mais l'*occisor* est le créancier : devra-t-il également 20 ?
Non car le débiteur est libéré envers lui par la mort de
Pamphile. Donc il faut retrancher de la condamnation le
prix de Stichus et réduire cette condamnation à la plus
value dans l'année de Stichus, plus value qui résulte de la
comparaison de son prix avec Pamphile. Le créancier
meurtrier ne devra donc que dix, il y aura une différence
entre un étranger et lui. Ces dix qu'il doit encore payer
sont le châtiment pécuniaire du meurtre : la *pœna* ; car,
sans ce caractère de la loi Aquilia, on raisonnerait ainsi :
Le créancier a tué Stichus, Pamphile est mort, le meurtre
n'a causé aucun dommage au débiteur, puisque celui-ci est
libéré. Mais ce raisonnement ne tiendrait pas compte de
la faculté pour le demandeur de se placer à un moment
quelconque dans l'année qui a précédé le meurtre, à un
moment où Stichus et Pamphile étaient l'un et l'autre vi-
vants.

Les derniers mots du texte prévoient un troisième cas.

Stichus a été tué par le créancier après la mort naturelle de Pamphile, mais dans l'année de cette mort; ici encore et toujours pour la même raison, Stichus a dans l'exercice de l'action de la loi Aquilia une plus value qui résulte de sa différence de valeur avec Pamphile, et le meurtrier créancier devra dix, le meurtrier étranger devrait vingt (1).

Nous venons de voir dans quel sens large l'estimation du dommage était entendu; mais au moins faut-il que ce dommage soit certain et on ne pourra pas compter, par exemple, s'il s'agit de filets rompus, les poissons qu'on aurait pu prendre (2). Cependant il ne faut pas dire, avec Pothier, qu'on ne peut pas apprécier la perte d'une hérédité tant que le testateur est vivant à cause du changement possible de volonté. Nous avons vu en effet plus haut qu'en cas de testament détruit, le testateur n'a aucun intérêt à l'exercice de l'action puisqu'il s'agit de sa propre succession, mais que les légataires ont, au contraire, intérêt car pour eux les testaments valent presque des contrats (3).

Jusques ici, nous avons supposé l'action intentée en vertu de l'un des deux chefs de la loi Aquilia, mais il est possible que les deux chefs concourent à raison du même fait. Quelqu'un a blessé un esclave et a été poursuivi suivant le troisième chef, l'esclave meurt de sa blessure; la poursuite recommencera d'après le premier chef. Seulement, par l'une et l'autre action, on ne pourra obtenir plus que si, dès le début, on avait agi à raison du meurtre; et, à cet effet, le préteur donnera l'exception de dol dans la seconde action (4).

Nous devons maintenant considérer l'attitude du défendeur; car il est possible qu'il avoue ou qu'il nie; or l'action de la loi Aquilia est une de celles où la condamnation

---

(1) Bravard-Veyrières, de l'étude et de l'enseignement du Dr. tom. p. 51 et suiv., Cujas, Ad. leg. Aq.
(2) L. 29, § 3, D. h. t.
(3) V. Poth., Pandec. in nov. ord. ad banc. leg. § 45.
(4) L. 46, 47, D. h. t.

croît au double *ex inficiatione*. Cela tient à ce qu'elle ressemble à l'action *judicati* qui est donnée à la suite d'une condamnation et cette ressemblance elle-même vient des mots : *damnas esto dare*, qui se trouvent dans le texte même de la loi Aquilia (1). Pour que l'accroissement au double s'applique, il faut que la dénégation du défendeur porte sur sa participation personnelle au délit, qu'il y ait persisté jusques à la *litiscontestatio*, enfin qu'il soit convaincu par les preuves ordinaires ; car s'il n'était condamné que sur le serment déféré par lui, et prêté par le demandeur, l'accroissement ne s'appliquerait pas (2). Le mineur de 25 ans serait protégé ici comme ailleurs par la *restitutio in integrum*.

Une conséquence remarquable de cet accroissement au double, c'est que l'aveu ne peut pas être rétracté pour erreur de fait si le délit a eu lieu : par exemple, le meurtre d'un esclave. Après avoir posé le principe de la rétractation de l'aveu pour erreur du fait, M. de Savigny signale l'exception, pour les actions au double, en cas de dénégation, parce que l'aveu prend alors le caractère d'une transaction faite pour échapper au péril de la condamnation, et il continue en ces termes : (3).

« Quant à l'action de la loi Aquilia elle s'exerce parce qu'un esclave a été tué ou blessé, si le défendeur avoue le fait, il s'oblige par cet aveu à la simple réparation du dommage et il n'a point de restitution à opérer lors même qu'il offrirait de prouver son erreur. Le motif péremptoire de cette décision, est comme je l'ai dit plus haut, le caractère de transaction imprimé à l'aveu qui protège le défendeur contre le risque d'être condamné à une double réparation ; mais ce risque et l'obligation absolue qui en dérive est res-

(1) L. 2, § 1, l. 23, § 10, D. h. t. l. 4, D. h. t. l. 5, § 2, D. de serv. corrupt. § ult. Inst. De oblig, quasi ex contr. § 16, Inst. de actionibus.
(2) L. 50 D. de jur. l. 9, § 2, D. de min. sig. an.
(3) M. de Savigny, Traité du Dr. rom., VII, p. 41.

treint à l'acte personnel du demandeur. Si donc la révoca-
tion de l'aveu se fonde sur ce que l'esclave est encore vivant ou n'a pas reçu de blessure, la restitution pour cause
d'erreur est admissible comme dans toute autre action ; outre ce motif, il en existe un autre, qui indépendamment de
la cause de l'erreur suffirait pour faire rejeter l'action ; en
effet si l'esclave est vivant et sans blessure, l'action tombe
de soi-même, puisqu'il n'y a pas de dommage dont l'estimation seule pourrait donner lieu à une condamnation. D'un
autre côté l'impossibilité n'est nullement la valeur décisive
car l'impossibilité de l'acte, attribué au défendeur, pourrait
résulter d'un *alibi*, et néanmoins cette preuve ne détrui-
rait pas l'obligation créée par l'aveu. »

Dans ce cas d'aveu le procès peut n'être pas superflu,
car il reste à fixer la valeur du dommage (1). Remarquons
en finissant que dans ces cas d'aveu les textes appellent
notre action *confessoria actio* (2).

Ce nom paraît convenir à tous les cas d'actions intentées
à la suite d'une *confessio in jure*, mais il paraît qu'on
ne le rencontre, dans le Digeste, qu'à l'occasion de notre
loi.

Tout ce que nous venons de dire sur l'impossibilité de
rétracter l'aveu, parce qu'il a un caractère de transaction,
s'applique au cas de paiement fait par erreur ; la *condictio
indebiti* ne sera pas possible quand l'aveu ne pourrait être
retracté (3). En effet nous n'avons pas besoin de faire remarquer après M. de Savigny, que le paiement fait par
erreur, d'une obligation inexistante n'est pas autre chose
qu'un aveu plus énergique de cette obligation.

Après avoir réuni les divers éléments de la loi Aquilia,
nous pouvons maintenant résumer ses caractères. Elle est
civile, personnelle, *in jus concepta*, mixte, c'est-à-dire,

---

(1) L. 23, § 2, L. 26, D. h. t.
(2) L. 23, § 11, L. 26, D. h. t.
(3) Inst. liv. III, 27, § 7.

à la fois *rei persecutoria* et pénale, tantôt au simple, tantôt au double *adversus inficiantem.*

Est-ce une *condictio?* Non, pense M. de Savigny, parce que la définition de la *condictio* est donnée par Gaïus dans les termes suivants. *Appellantur autem in rem actiones vindicationes, in personam vero actiones, quibus dari fieri oportere intendimus, condictiones.* Or, l'*intentio* de la loi Aquilia était probablement celle-ci: *Damnum decidere oportere*, et cette probabilité s'établit par analogie de l'action *furti* dont l'*intentio* était: *pro fure dammum decidere oportere.* Nous ne voyons pas du reste, que cette observation ait quelque intérêt pratique pour la loi Aquilia (1).

L'action de la loi Aquilia est-elle *stricti juris?* Oui, nous dit encore M. de Savigny; en effet son *intentio* a pour objet *damnum decidere oportere*, c'est-à-dire un *oportere* sans aucun adoucissement, précisément comme les *stricti juris actiones.*

« Relativement à la loi Aquilia en particulier, nous savons quelle ne permet pas d'avoir égard à la valeur d'affection en quoi elle diffère des actions de bonne fo et nous pouvons trouver là une confirmation particulière du point de vue général que nous adoptons. La nature rigoureuse de ces actions n'offrait pas un grand intérêt, car elles étaient rarement applicables aux divers rapports qui dans la pratique donnaient de l'importance à la distinction des actions *stricti juris et bonœ fidei* (2). » Ces derniers mots font allusion aux rapports contractuels qui, dans les autres actions peuvent exister, entre le demandeur et le défendeur, et qui se trouvaient rarement dans les cas du délit prévu par l'action de la loi Aquilia.

Enfin si nous appliquons à l'action de la loi Aquilia la

---

(1) Savigny, Traité de Dr. rom. V. app. XIV, § 26, P. 276.
(2) V. App. XIII, § 8, p. 402.

terminologie allemande, nous dirons qu'elle est pénale, — unilatérale, lorsque la chose n'a pas eu une valeur supérieure dans l'année ou les trente jours qui ont précédé le délit, car elle n'est alors pénale que du côté du défendeur dont elle diminue le patrimoine, et elle ne l'est pas pour le demandeur qui ne s'enrichit pas par son exercice, puisqu'il ne rentre que dans sa perte. Si au contraire, la chose avait eu une plus grande valeur dans l'année ou les trente jours, l'action serait pénale, — bilatérale, — composée; pénale, car elle est donnée en réparation du délit; bilatérale, car elle diminue le patrimoine du défendeur et augmente celui du demandeur, son caractère pénal apparait donc des deux côtés; composée, car dans la condamnation entrera l'indemnité due pour la perte au demandeur; donc cette condamnation ne sera pas purement pénale. C'est ce que les romains avaient exprimé par le mot *mixte*.

CHAPITRE III.

Concours de la loi Aquilia avec d'autres actions.

Il se peut que le délit prévu par la loi Aquilia viole en outre d'autres rapports de droit. Il faut donc examiner comment se combinera notre action avec celles qui naissent de ces autres violations. Pour cela nous distinguerons quatre hypothèses : 1° le fait commis viole, outre la loi Aquilia, un droit de propriété; 2° le fait commis viole, outre la loi Aquilia, un contrat; 3° le fait commis viole, outre la loi Aquilia, une autre action pénale privée; 4° le fait commis viole, outre la loi Aquilia, une loi pénale publique.

1° *Le fait commis viole, outre la loi Aquilia, un droit de propriété.*

Un esclave est possédé par un tiers et revendiqué par son maître. Le possesseur le blesse depuis la *litis contestatio* ou étant de mauvaise foi, il l'a blessé avant; l'indemnité pour cette blessure peut être accordée par le juge de la revendication. Mais elle peut aussi être obtenue par l'action de la loi Aquilia. Ces deux actions peuvent-elles se cumuler? Ulpien et Paul paraissent bien dire que non. Car le premier, supposant intentée la *rei vindicatio*, dit que le juge, en estimant le dommage, fera remettre au défendeur l'action de la loi Aquilia; et Labéon pense même que le demandeur doit donner caution, qu'il n'exercera pas l'action de la loi Aquilia. Cette caution, d'après M. de Savigny, approuvé par M. Pellat, consiste en une simple promesse de stipulation sans fidéjussion (1). Paul suppose à son tour que le demandeur a commencé par exercer l'action de la loi Aquilia, et il décide que le possesseur devra être absous évidemment dans l'action en revendication. *Itaque*, dit-il, *actio actori danda est non ut triplum sed duplum consequatur.* Ce double suppose naturellement la dénégation du défendeur (2). Mais si ces deux textes paraissent ne donner le choix entre les deux actions, cela ne peut s'entendre que de leur objet commun. Si nous trouvons que l'une et l'autre ont en outre un objet distinct, il nous semble qu'elles doivent se cumuler pour cet objet. Prenons successivement deux exemples : la *rei vindicatio* a été déjà exercée, le demandeur a obtenu 1° la restitution de l'esclave; 2° la détérioration causée actuellement à l'esclave par la blessure, mais il n'a pas obtenu, 3° la différence entre la valeur actuelle de l'esclave et la plus haute valeur dans les trente jours qui ont précédé la blessure, ni 1° le double en cas de dénégation,

(1) L. 15, D. VI, 1.
(2) L. 11, D. h. t.

objets spéciaux de la loi Aquilia. Donc, s'il doit renoncer
à cette action, ce ne peut être, comme l'ont pensé Cujas et
après lui M. Pellat, que pour l'estimation comprise dans
la *rei vindicatio*, et l'excédant, c'est-à-dire le 3° et le 4°
doit lui rester et lui permettre d'exercer encore l'action
de la loi Aquilia. Nous arrivons donc à dire qu'Ulpien s'est
exprimé en termes trop généraux.

La loi Aquilia a été exercée d'abord, mais par elle le
demandeur n'a pas obtenu d'être remis en possession de
l'esclave. Il n'a obtenu que l'indemnité entière du délit ou
le double en cas de dénégation. La *rei vindicatio* lui reste
donc pour être remis en possession de l'esclave, et Paul
s'est exprimé en termes trop généraux lorsqu'il a dit dans
ce cas *absolvendus est possessor ;* cela ne doit s'entendre
que du chef de la détérioration (1).

Le même jurisconsulte Paul s'explique aussi sans faire
de distinction sur le concours de la loi Aquilia et de la
pétition d'hérédité, et il paraît ne donner que le choix
entre les deux actions à l'héritier, quand le possesseur de
l'hérédité a tué un des esclaves. Nous pensons qu'il faut
faire la même observation que tout à l'heure, et nous ajoutons que cette sorte d'oubli du jurisconsulte est assez
naturelle; car, dans la plupart des cas, il ne devait y
avoir ni ce changement de valeur, ni cette dénégation qui
diversifient le résultat des deux actions (2).

2° *Le fait commis viole, outre la loi Aquilia, un contrat.*

Nous aurons dans cette hypothèse le concours de l'action de la loi Aquilia, comme d'autres actions pénales
privées, avec les actions *rei persecutoriæ,* nées des
divers contrats. La règle sera la même que tout à l'heure.
Le créancier aura le choix entre les deux actions pour

_____

(1) V. Pellat, de la Propriété, p. 161 et suiv., 2° édit, Paris, 1855.
(2) L. 36, § 2, D. h. t.

ce qu'elles ont de commun dans leur objet. Si donc il a exercé d'abord l'action du contrat, il pourra encore se servir de l'action de la loi Aquilia pour le surplus, c'est-à-dire pour la partie pénale de cette action.

Voici quelques exemples fournis par le Digeste : Un esclave a été volé et tué. Son maître a déjà agi par la *condictio furtiva*, pourra-t-il néanmoins user de l'action de la loi Aquilia? Pomponius et après lui Ulpien déclarent qu'il le peut, parce que, autre chose est l'estimation de la loi Aquilia, autre chose celle de la *condictio* (1).

Un commodant a poursuivi le commodataire par l'action *commodati directa*, et il a, en outre, à raison du fait, commis, l'action de la loi Aquilia. Il est très équitable, dit le même Ulpien, qu'en agissant par l'action *commodati*, il fasse remise de l'autre action, et il se reprend aussitôt; à moins qu'on ne dise, qu'en agissant par la loi Aquilia, il obtiendra en moins ce qu'il a déjà reçu à titre de commodat; ce qui est raisonnable.

Le texte suppose que le commodat avait été fait à deux associés tenus *in solidum*, et que l'action du commodat est exercée contre l'associé innocent, qui demanderait au créancier la cession de l'action de la loi Aquilia (2).

Le jurisconsulte Paul, dans une loi tirée de son *liber singularis de concurrentibus actionibus*, suppose un commodat de vêtements et leur détérioration, et il décide qu'après l'action de la loi Aquilia, celle du commodat sera éteinte. Mais après celle du commodat, l'action de la loi Aquilia reste-t-elle *in eo quod in repetitione trigenta dierum amplius est?* C'est douteux, mais il est plus vrai de dire qu'elle reste, *sed verius est remanere quia simple actioni et simplo subducto locum non habet.* Ce qu'il

(1) L. 2, § 3, D. de priv. del.
(2) L. 7, § 1, D. XIII, 6.

y a de plus simple, c'est de supprimer avec Cujas la négation *non*, et le texte veut dire alors que l'action de la loi Aquilia subsiste parce qu'elle s'ajoute au simple et qu'après la déduction de ce simple par l'action *commodati*, elle a encore lieu pour le surplus. Paul est ainsi d'accord avec les autres jurisconsultes et avec les idées qu'il a plus haut développées dans cette loi (1).

L'action de la loi Aquilia pourrait se combiner de la même manière avec le dépôt, le louage, le gage, la société, l'action *ad exhibendum*, *arboribus furtim cæsis* (2).

Dans la plupart des textes relatifs aux actions que nous venons de citer, il ne faudra pas s'étonner, si le jurisconsulte, parlant des deux actions, dit : que l'exercice de l'une éteint l'autre; cela n'infirmera pas l'opinion que nous avons émise par la raison donnée plus haut : que ces textes se placent dans l'hypothèse ordinaire où il y a absolument communauté d'objet entre l'objet de la loi Aquilia et l'autre action. Mais il y a un fragment de Paul qui paraît contraire à cette théorie et qui est ainsi conçu : *Si ex eodem facto duæ competunt actiones postea judicis potius partes ut quo plus sit in reliquâ actione id actor erat si tantundem haud minus id consequam* (3).

Ce texte jusques au dernier mot s'explique fort bien, mais il paraît inadmissible que Paul, après avoir dit que le demandeur obtiendra le surplus dans la seconde action, obtiendra aussi *tantundem haud minus* s'il n'y a pas de surplus — Ce serait une véritable absurdité qui arriverait à mieux traiter le demandeur quand les deux objets sont

----

(1) V. M. de Savigny, qui a essayé d'expliquer le texte avec la négation. V. p. 216 et suiv. Voir Cujas, observ. III, 25, et Voët qui propose aussi la suppression de la négation. Voët, Ad pand. § 31.

(2) L. 18, D. h. t. l. 18, § 1, D. XIII, 6 ; l. 27, § 9, l. 42, D. h. t. l. 17, § 1, 18, 49, 50, D. XVII, 2, l. 13, pr. l. 23, § 8, l. 50, § 2, l. 13, D. XIX, 1, l. 9, D. XLVII, 7.

(3) L. 41, § 1, D. XLIV, 7.

égaux, puisqu'il les aurait tous les deux intégralement, que lorsque l'une des actions a un objet supérieur à l'autre, puisqu'il n'aurait qu'une fois l'objet, et en outre le surplus qui le plus souvent n'égalera pas l'objet. Il faut donc croire que le texte a été tronqué par les compilateurs du Digeste. Cujas propose de mettre *nil consequatur* au lieu de *id consequatur*, et M. de Savigny dit qu'une correction qui se rapprocherait davantage du texte des manuscrits serait celle-ci : *id non sequatur;* il fait en même temps observer avec raison que la condition donnée par Paul est celle-ci : que les deux actions compètent à raison du même fait. Cette circonstance n'est pas décisive pour la solution de la difficulté qui nous occupe, ainsi que nous allons le voir dans l'hypothèse suivante. Ce qui détermine la solution dans celle que nous venons d'indiquer, c'est la communauté d'objet en tout ou en partie (1).

3° *Le fait commis viole, outre la loi Aquilia, une autre action pénale privée.* Rien n'est plus commun que de voir un même fait donner lieu à plusieurs actions pénales privées. Comment les combinera-t-on ? A cet égard les jurisconsultes romains avaient été partagés, et nous avons la trace au Digeste d'au moins trois opinions. Certains rejetaient le cumul total ou partiel. *Plura delicta una re plures admittunt actiones, sed posse omnibus uti probatum est* (2). Le jurisconsulte Paul par suite de la confusion que nous avons signalée plus haut entre le fait générateur des actions multiples et la communauté d'objet de ces actions, applique ici sa théorie du concours des actions pénales et *rei persecutoriœ.* Le demandeur aura donc le choix entre les deux actions sauf à exercer la seconde après la première pour le surplus. Voici sa décision dans un texte tiré d'un ouvrage spécial sur le concours des

(1) Cujas, Observ. III, 25. Savigny, V, p. 240, 241.
(2) L. 53, D. de oblig. et act.

actions : « Celui qui frappe avec outrage l'esclave d'autrui par un fait unique, tombe sous la loi Aquilia et l'action d'injure. L'injure résulte en effet de l'intention, le dommage de la faute, et les deux actions peuvent être données. Mais certains jurisconsultes pensent que le choix de l'une éteint l'autre ; d'autres que, par l'action de la loi Aquilia, celle d'injure est absorbée, parce qu'il cesse d'être équitable de condamner celui qui a fourni l'estimation. Mais d'après eux, si, d'abord, on a agi par l'action d'injure, le défendeur est tenu de la loi Aquilia ; mais cet avis doit être repoussé par le préteur à moins que le demandeur ne poursuive pour ce qui lui compète en plus à raison de la loi Aquilia. Il est d'autant plus raisonnable d'admettre cet avis qu'il est permis au demandeur d'exercer d'abord l'action qui lui plaira, et de poursuivre ensuite par l'autre action ce qu'il y a de plus dans celle-ci » (1). Nous avons déjà eu l'occasion de dire que le préteur modifiera l'*intentio* de la seconde action par une *exceptio in factum*, qui obligera le juge à ne condamner le défendeur qu'à la différence entre le montant des deux actions (2).

Enfin, d'autres jurisconsultes parmi lesquels Papinien, Ulpien et Hermoginien, le dernier en date des grands jurisconsultes, admettent le cumul des actions pour le tout et avec raison, dit M. Pellat : « Car bien que le fait qui donne lieu aux actions, soit naturellement un fait unique, ce fait a plusieurs faces. Il enfreint plusieurs lois pénales et renferme par conséquent plusieurs délits à chacun desquels s'applique une peine appropriée, objet d'une action spéciale qui ne fait pas double emploi avec les autres » (3).

---

(1) L. 34, pr. D. XLIV, 7. Nous avons commenté tout à l'heure ce § 2 de cette même loi.

(2) L. 14, § 13, D. IV, 2. Paul applique encore son opinion dans les textes suiv. : l. 1, D. XLVII, 8, l. 88, D. XLVII, 2, l. 4 et 11, D. XLVII, 7, ces deux derniers parlant de la loi Aquilia.

(3) L. 6, D. Ad leg. Jul. de ad. l. 60, D. de oblig. et act., l. 150, D. de reg. juris. l. 5, § 40, D. XLVII, 10, l. 2, D. XLVII, 1, l. 11, § 2, D. XI, 5.

Nous nous bornerons à citer le texte d'Hermoginien. *cum uno ex delicto plures nascuntur. Actiones sicut evenit cum arbores furtim cœsœ dicuntur omnibus experiri permitti post magnas varietates obtinent* (1). Justinien a sanctionné cette opinion en reproduisant aux instituts un fragment d'Ulpien ainsi conçu: *Nunquam actiones prœsertim pœnales de eadem re concurrentes alia aliam consumit* (2).

Que peut vouloir dire ce mot *prœsertim*, dans le texte d'Ulpien reproduit par Justinien ? M. de Savigny l'explique par la généralité de la proposition qui embrasse toutes les actions. Nous savons, en effet, que dans celles où il y a communauté d'objet *alia aliam consumit* jusques à concurrence de la plus faible des actions. Au contraire, les actions pénales peuvent toujours s'exercer l'une après l'autre, parce que, s'il y a entre elles communauté d'origine il n'y a pas communauté d'objet, chacune d'elles tendant à la répression d'un délit particulier. Mais, cependant, si deux actions pénales venaient à concourir et que dans toutes les deux il y eût un *quantum* pour l'indemnité du dommage causé, nous pensons avec M. de Savigny que l'indemnité ne serait due qu'une fois. C'est ce qui arriverait, par exemple, au cas de concours de l'action de la loi Aquilia avec l'action *vi bonorum raptorum* ou *arborum furtim cœsarum*. Ainsi, supposons intentée d'abord l'action de la loi Aquilia, l'action *vi bonorum raptorum* n'aura plus d'effet que pour le triple. « Cette restriction nous rapproche, dit M. de Savigny, jusques à un certain point de l'opinion de Paul et nous en explique l'origine. Paul voyant que ses adversaires n'exprimaient pas cette restriction et en sentant le besoin, non-seulement il l'exprima, mais il l'exagéra en l'appliquant dans deux actions

(1) L. 52, D. de oblig. et act.
(2) Inst. l. IV, t. 9, § 1. C. 20, C. VI, 2. Inst. l. IV, t. 1, §8.

à la peine elle-même, application qui dépasse et limite le principe.

Malgré le témoignage d'Hermogenien qui nous parle de grandes divergences qui auraient existé avant la solution de cette question, nos anciens auteurs prenant trop à la lettre l'absence de contradiction entre les textes du Digeste vantée par Justinien, avaient essayé des conciliations.

Pothier notamment proposait une distinction entre le cas où plusieurs actions naissaient du même fait et celui où elles naissaient de faits différents ; dans le premier, une action absorbait l'autre, dans le second, elles se cumulaient. Seulement, s'il parvenait à rendre à peu près raison des divers textes, il n'en pouvait citer aucun où fut établie la distinction qu'il prétendait faire (1).

L'action de la loi Aquilia peut-elle se cumuler avec elle-même? Évidemment, oui, s'il s'agit de deux faits distincts : Quelqu'un après avoir blessé un esclave, tue plus tard le même esclave. Cela ne fait pas question, puisqu'il y a deux faits distincts. Mais, qu'arriverait-il si le même fait donne lieu successivement à l'application du troisième et du premier chef ? Un esclave est blessé, son maître a intenté l'action, puis l'esclave meurt de sa blessure. Nous savons déjà que l'action de la loi Aquilia pourrait être intentée de nouveau à raison du premier chef, mais le premier délit sera absorbé sans le dernier, et, grâce à l'exception de dol opposée à la seconde action, le demandeur n'obtiendra pas davantage qu'il n'aurait obtenu si, dès le début, il avait agi à raison du meurtre. Cette décision n'infirme en rien la théorie qui précède, parce qu'ici il y a un seul délit commis, dont la qualification véritable ne s'était pas révélée tout d'abord (2).

(1) Pellat, de la propriété, p. 165 et 166. Savigny, V. p. 256 et suiv. Pothier, Pand. Des oblig. et act. nos 66, 67.
(2) L. 46, 47, D. h. t.

4ᵉ Hypothèse. — Le fait commis viole la loi Aquilia et une loi pénale publique.

Nous savons que, pendant le IIIᵉ siècle de la république, les *publica judicia*, les actions publiques furent portées devant des commissions appelées *quœstiones perpetuœ* et dont les attributions consistaient à juger le crime prévu par une loi spéciale et à lui appliquer la peine portée par cette loi. C'est ainsi qu'avec la loi Aquilia pourra concourir l'action de la loi Cornelia *de Sicariis*, qui punissait de mort le coupable du meurtre d'un homme libre ou d'un esclave (1). L'une des actions n'absorbera pas l'autre. S'il nous était permis d'emprunter ici le langage du Droit français, nous comparerions ces deux actions à l'action publique et à l'action civile qui naissent chez nous de tout crime ou délit qui cause un dommage. Mais les Romains n'avaient pas admis le principe de notre Code d'Instruction criminelle, que le criminel tient le civil en état, et les empereurs Valens et Valentinien disent qu'il a été déclaré par la plupart des jurisconsultes qu'il importe peu que l'action criminelle ou l'action civile soit mise la première en mouvement ; seulement ils avaient dû se préoccuper de l'influence de la chose jugée dans la première action sur la seconde, question encore difficile et ardue de nos jours. Y aura-t-il obligation pour le juge de la seconde action de tenir pour constants les faits reconnus par le juge de la première ? Non, répond Ulpien, *etsi lege Aquiliâ egerit prœjudicium fieri Corneliœ non debet*, et les empereurs Valens et Valentinien sont encore plus formels. *Cum altera prius actio intenta sit per alterum quœ supererit judicatum liceat retractari* (2). Mais un texte du jurisconsulte Paul paraît au premier abord contraire. *Interdum evenit*, dit-il, *ut prœjudicium judicio publico fiat sicut in actione legis Aquiliœ et furti et vi*

---

(1) L. 5, pr., D. h. t. l. 23, § 9, D. h. t. Inst. l. IV, t. 13, § 5.
(2) Const. unic. C. IX, 31.

6

*bonorum raptorum et interdicto unde vel et de tabulis
testamenti exhibendis nam in his de re familiari agitur* (1). Il serait bizarre que Paul eût méconnu le principe
de l'autorité relative de la chose jugée, car il est de ceux qui
l'ont fait triompher dans l'*auditorium* du préfet du prétoire, comme on peut le voir dans la belle discussion rapportée
par lui et qui forme la loi 16, D. XX, 1. Voët dit bien que
ce texte n'est pas en désaccord avec celui d'Ulpien, et que
Paul a simplement voulu dire que les juges de l'action publique prendront en considération les preuves déjà fournies
dans le procès civil. Si Paul n'avait voulu dire que cela, il
n'y aurait pas de question, car il est hors de doute que les
mêmes preuves seront fournies devant les deux juridictions. Mais il y a, ce nous semble, une explication bien
simple à donner, le mot *præjudicium* n'a pas toujours
dans la langue du Droit romain le sens de *décision* qui en
préjuge une autre; il veut seulement dire en général une
action intentée avant une autre, sans se préoccuper de
l'influence de cette action sur celle qui suivra ou même de
savoir si elle suivra. C'est ainsi que sont appelées aux
Institutes *Præjudicia* les actions qui se bornent à l'*intentio*, et ne demandent aux juges qu'une réponse sans
condamnation. D'après cela Paul a, selon nous, voulu
simplement dire qu'il est possible que l'action publique soit
précédée dans le temps d'une action privée; et ce qui
corrobore cette interprétation, c'est la réflexion finale du
texte, que, dans ces dernières actions, il s'agit d'un intérêt particulier porté dès-lors à la connaissance des autres
juges (2).

(1) L. 4, D. XLVIII, 1.
(2) VOËT. Ad leg. Aq. § 30.

CHAPITRE IV.

Des cas auxquels ne s'applique pas l'action de la loi Aquilia.

Nous avons soigneusement déterminé les conditions requises pour l'exercice de l'action de la loi Aquilia, et nous avons déjà pu constater en passant, qu'ici, comme ailleurs, les jurisconsultes romains avaient étendu le domaine de l'action à des cas voisins par le moyen habituel des actions utiles. Le moment est venu de tâcher de coordonner les divers textes dans lesquels nous trouvons à côté de l'action directe de la loi Aquilia, soit une action utile *ad exemplum legis Aquiliæ*, soit une action *in factum*. Nous n'avons pas besoin de dire que nous laissons complètement de côté les hypothèses de *damnum injuria datum*, prévues par des lois spéciales, et donnant lieu à des actions particulières.

Nous avons déjà trouvé quatre cas d'actions utiles de la loi Aquilia.

1° L'action directe devient utile à raison de la qualité du demandeur non propriétaire, mais simplement usufruitier, ou créancier gagiste, ou titulaire d'une servitude, ou possesseur de bonne foi (1). Nous devons dire cependant qu'au cas où il s'agit d'un esclave possédé de bonne foi, le possesseur aura, d'après Ulpien, une action *in factum* (2).

---

(1) L. 11, § 10, D. h. t. 12, D. h. t. l. 17, § 3, D. VII. t. l. 27, D. XX. 1, l. 30, § 1, D. h. t. l. 27, § 32, D. h. t.

(2) L. 11, § 8, D. h. t.

2° L'action directe devient utile à raison de la qualité de la victime, si, au lieu d'être un esclave, elle est un homme libre, ou un fils de famille (1).

3° L'action directe devient utile à raison de la qualité de l'auteur. Ainsi, le nu-propriétaire d'un esclave le tue, l'usufruitier aura une action *ad exemplum legis Aquiliæ* et chose bizarre, l'estimation de la plus haute valeur se fera à son profit dans la proportion de son usufruit, même pour la partie de l'année pendant laquelle l'usufruit n'a pas encore existé (2). Cependant Ulpien donne une action *in factum* au possesseur de bonne foi ou au créancier gagiste, si l'esclave possédé de bonne foi ou à titre de gage a été tué par son maître (3). Enfin le jurisconsulte Paul suppose l'espèce suivante : Un esclave cause un dommage sur la chose héréditaire avant l'adition. Devenu libre, il cause un nouveau dommage sur cette chose. *Utroque actione tenebitur quia alterius et alterius facit hœres sunt.* Pour le second fait, il s'agit évidemment de l'action de la loi Aquilia ; pour le premier, de l'action utile ou de l'action *in factum*. Nous ne savons laquelle, certainement ce n'est pas l'action directe puisque l'esclave appartenait alors à l'hérédité (4).

4° L'action peut être utile à raison de la personne qui plaide. Un procureur, tuteur, curateur ou tout autre avoue qu'un absent a causé une blessure : *confessoria in eos utilis danda est actio* (5).

Reprenons maintenant les conditions générales de l'exercice de l'action : nous savons que le *damnum* doit avoir été causé : 1° *corpore*, 2° *corpori*. Il est donc possible qu'on

---

(1) L. 13, pr., D. h. t.
(2) L. 12, D. hoc. tit.
(3) L. 17, pr., D. h. t.
(4) L. 18, D. h. t.
(5) L. 23, § 4, D. h. t.

ait à réprimer un *dammim* qui ne rentre pas dans ces conditions, et cela donne lieu aux trois combinaisons suivantes :

1° Le *damnum* a été causé *corpore sed non corpori;* 2° *corpori sed non corpore;* 3° *nec corpori nec corpore.*

1° Le dommage est causé, *corpori sed non corpore.*

Gaius et Justinien donnent une action utile contre celui qui a enfermé l'esclave ou le troupeau d'autrui, et les a fait périr de faim, qui a poussé une bête de somme si violemment qu'elle en est fourbue.

On a persuadé à l'esclave d'autrui de monter sur un arbre ou de descendre dans un puits, si bien qu'en montant ou descendant, il s'est tué ou blessé (1).

Quelqu'un poussé par autrui a causé un dommage; celui qui a poussé est tenu, dit Ulpien, d'une action *in factum* (2).

Un homme fait mourir de faim un esclave. Neratius et Ulpien disent qu'il est tenu de l'action *in factum.* Justinien et Gaius donnent dans le même cas une action utile (3).

Mon esclave est à cheval : vous l'effrayez, le cheval se précipite dans un fleuve, où l'esclave se noie (4). Profilius et Ulpien donnent l'action *in factum.* Cette hypothèse ressemble singulièrement à celle où Gaius et Justinien donnent l'action utile.

Une personne excite un chien qui mord un esclave. Julien et Ulpien décident que, si le chien n'était pas tenu par celui qui l'a excité, il faudra agir *in factum* contre ce dernier (5).

------

(1) Inst. IV, t. 3, § 6. Gaius, C. III, § 279.
(2) L. 7, § 3, D. h. t.
(3) L. 9, § 2, D. h. t.
(4) L. 9, § 3, D. h. t.
(5) L. 11, § 5, D. h. t.

Un four existe le long d'un mur commun à deux propriétés ; ce mur est endommagé par le feu. Ulpien donne l'action *in factum* (1).

Une personne a mis en fuite les abeilles d'autrui en les enfumant, elle sera tenue de l'action *in factum* (2).

Enfin, vous avez rassemblé les bœufs d'autrui dans un lieu étroit et ils se sont mutuellement blessés. *Datur in id*, dit Neratius, *ad exemplum legis Aquiliæ, in factum actio* (3).

2° Le dommage est causé *corpore, sed non corpori.*

Quelqu'un secoue des écus que je tiens dans la main, et les écus tombent dans un fleuve ou dans la mer. Ils ne sont pas endommagés mais perdus, l'action directe s'applique ; mais si une autre personne les ramasse, les anciens jurisconsultes donnent l'action *furti*, Sabinus, et après lui Ulpien, pensent qu'on peut donner une action *in factum* (4).

Quelqu'un a jeté de l'avoine dans le blé d'autrui pour diminuer sa valeur. Celse et Ulpien donnent une action *in factum* (5).

Un vase plein de vin a été confié aux soins de quelqu'un qui l'a percé, le vin s'est répandu. Labéon et Ulpien accordent l'action *in factum* (6).

Une personne coupe le câble qui retient un navire, ce navire périt, action *in factum* (7).

3° Le dommage n'a été causé ni *corpori*, ni *corpore.*

Le jurisconsulte Paul s'exprime ainsi : « Quelqu'un qui a consommé le vin ou le froment d'autrui ne paraît pas

----

(1) L. 27, § 10, D. h. t.
(2) L. 49, D. h. t.
(3) L. 53, D. h. t.
(4) L. 27, § 21, D. h. t.
(5) L. 27, § 14, D. h. t.
(6) L. 27, § 35, D. h. t.
(7) L. 29, § 5, D. h. t.

causer un dommage *injuriâ, itaque utilis danda est actio.*»

Justinien dit de son côté : « Si une personne, poussée par la pitié, délie l'esclave d'autrui pour qu'il s'enfuie, l'action directe et l'action utile ne s'appliquent pas, et on a admis que l'auteur sera tenu d'une action *in factum* (1). »

Le dépositaire d'un testament l'a lu en présence de plusieurs. Ulpien pense que le mieux est de donner une action *in factum* et l'action d'injure s'il y a intention de nuire (2).

Nous venons de parcourir la série assez fastidieuse des hypothèses dans lesquelles les jurisconsultes refusèrent l'action de la loi Aquilia, et nous ne pouvions mieux terminer que par le principe général formulé en ces termes par Paul. *In damnis quæ lege Aquiliâ non tenentur in factum datur actio.*

Certains jurisconsultes, Du Caurroy et Ortolan, entre autres, suivant la foi de Justinien, ont voulu distinguer l'action utile dérivée de la loi Aquilia, de l'action *in factum* donnée pour des cas où ni l'action directe ni l'action utile ne serait possible, notamment pour ceux où le dommage n'a été causé ni matériellement, ni à un corps, mais nous espérons qu'il suffit du rapprochement de tous les textes que nous venons de citer pour s'apercevoir que les jurisconsultes du temps classique n'avaient pas ainsi systématisé les choses, et que cette action utile, et cette action *in factum* n'en faisaient qu'une pour eux. Du reste, ce qui pourrait diminuer l'autorité du texte de Justinien, c'est qu'il se compose du rapprochement de deux fragments de Gaïus, et d'une décision d'Ulpien donnant l'action *in factum* qui, dans sa pensée, ne diffère pas de l'action utile, comme on peut le voir par les exemples cités plus haut (3).

_____

(1) Inst. l. IV, t. 8, § 16.
(2) L. 41, pr., D. h. t.
(3) Conf. Inst. l. IV, t. 3, § 16 et l. 7, § 7 D. IV, 3.

Enfin, sans qu'il y ait trace de controverse, on trouve, soit en comparant les Institutes au Digeste, soit en comparant le Digeste avec lui-même, des hypothèses semblables dans lesquelles un jurisconsulte donne l'action utile et un autre donne l'action *in factum* (1).

Ainsi, nous adoptons pleinement l'opinion de M. Demangeat qui s'exprime ainsi : « En somme, ce que je crois le plus sûr c'est de dire que l'action appelée *in factum*, comme l'action appelée *utile* par les rédacteurs du § 16 *de lege Aquilia* est véritablement une action utile, et que, par conséquent, elle aussi présente les caractères particuliers de l'action directe (2). L'importance de cette solution n'échappe à personne, car il en résulte que l'action *in factum*, comme l'action *utile*, présente les caractères particuliers de l'action *legis Aquiliæ*. Le juge devra donc estimer la plus haute valeur de la chose dans l'année ou dans les trente jours qui ont précédé le délit, il en résulte aussi que la règle de l'accroissement au double *adversus inficiantem* sera applicable à l'une et l'autre des actions (3).

---

(1) Ajouter aux exemples cités ci-dessus, les lois 53, D. h. t. l. 1, l. 51, D. XLVII, 2.

(2) Demangeat, Cours élém. de Dr. rom. II, p. 408.

(3) V. en sens contraire : Ortolan, Explic. hist. des Inst. sur le titre de la loi Aquil., § 16. Du Caurroy, Instituts de Justinien, trad. et explic., 8e édit., II, nᵒˢ 1149 à 1151, p. 507, 508.

DROIT FRANÇAIS

DES MÉDECINS
AU POINT DE VUE DU DROIT PRIVÉ.

INTRODUCTION.

> « La médecine pratique est un besoin
> social de première nécessité ; et quel
> qu'ait été le mépris plus affecté que
> réel peut-être des Romains pour la
> profession médicale, ils n'ont pu s'en
> passer néanmoins à aucun degré. »
> (Dʳ RENÉ BRIAU.)

> « Les rois et les coutumes ont toujours
> regardé la *médecine* comme une profes-
> sion importante à la sûreté publique.
> Dans cette vue ils ont veillé, non seule-
> ment, à ce qui pouvait contribuer à
> perfectionner les connaissances qu'on y
> a acquises, mais à maintenir les méde-
> cins dans les priviléges qui leur ont été
> accordés. »
> (DENISART.)

Nous nous proposons d'examiner les principales dispositions de notre droit positif sur la condition privée des
médecins, c'est-à-dire de rechercher quels sont leurs
droits, et quelles sont leurs obligations au point de vue de

la loi civile proprement dite. C'est assez dire que nous nous attacherons surtout aux règles renfermées dans le Code Napoléon, ou à celles des lois spéciales qui se rapportent au même ordre d'idées, en laissant absolument de côté cette partie — plus particulièrement connue sous le nom de médecine légale — qui a surtout pour but d'aider à l'œuvre de la justice criminelle.

Mais il ne sera pas inutile avant d'entrer en matière, de jeter un rapide coup d'œil sur les médecins à Rome et dans notre ancienne jurisprudence.

CHAPITRE I.

Des médecins à Rome (1).

§ 1.

De la condition des médecins.

Les origines de la médecine sont naturellement obscures à Rome comme l'histoire politique elle-même. Sans doute elle devait se borner à une collection de recettes empiri-

(1) Nous avons surtout consulté pour ce chapitre les ouvrages suivants : Sprengel, histoire de la médecine. Dictionnaire allemand de Pauly article médecine. Dézobry, Rome au siècle d'Auguste, nouvelle édition III, p. 477. Serrigny, traité du droit public et administratif des Romains II, n° 1014. Daremberg. La médecine science et doctrine, 2e édit. ch. I. Révillout, de la profession médicale sous l'empire romain. Gazette des hôpitaux, 1866. L'assistance médicale chez les Romains Dr René Briau, Paris 1869.

ques, que les pères de famille se transmettaient les uns aux autres; et, s'il existait une médecine officielle elle doit être considérée, à l'origine, comme un privilége des prêtres. Les maladies comme la plupart des forces naturelles avaient été divinisées. Nous lisons cependant, dans le savant dictionnaire de Pauly, que cette mythologie ne s'était pas développée à Rome.

Elle était venue, soit de l'Etrurie soit de la Grèce. Ainsi en l'an 461 un temple fut consacré à Apollon médecin : Aux divinités grecques s'en ajoutèrent quelques unes véritablement romaines; ainsi l'on invoque contre les fièvres paludéennes qui sévissaient, la *febris mephytis* (1). «L'empirisme et la superstition dit M. Daremberg, n'ont pas besoin d'une culture étrangère pour germer et pour grandir; il paraît cependant certain que même l'empirisme et la superstition romaines ne sont pas authocthones. Les Etrusques envoyèrent à Rome, leur déesse *Salus* et des charlatans de toute espèce. Les *Marses* et les Sabins se dessaisirent, en sa faveur, de quelques uns de ces enchanteurs si renommés, qui avaient le pouvoir de bouleverser ou de rappeler la raison (2). »

Les premiers médecins vinrent de Grèce à Rome. C'étaient, pense-t-on, des aventuriers ignorants et des esclaves qui ne pouvaient donner aucune considération à leur art. « Les écrivains anciens, dit M. le docteur René Briau, signalent de temps en temps la présence à Rome de médecins étrangers libres ; leur nombre y augmente progressivement, mais on voit très rarement parmi eux les noms de citoyens d'origine Romaine..... Il est permis d'affirmer que la profession médicale n'a réellement eu pour re-

(1) Dictionnaire de Pauly, V°. Médecine.
(2) Daremberg, La Médecine, p. 7.

présentant, chez les Romains, que des esclaves, des affranchis ou des étrangers (1). »

Si l'on en croit Pline le naturaliste, le premier médecin
réellement savant qui se transporta de Grèce à Rome, fut
un certain Archagathus ou Archagathas, qui quitta le Pélo-
ponnèse, vers l'an 535 de la fondation de Rome. Le Sénat
lui conféra le droit de cité et on lui acheta, dit M. Dezobry au dépens du public, une taverne dans le carrefour
assiduus près du théâtre de Marcellus et du *forum oli-
torium* pour y exercer sa profession. Comme il s'attachait
à la guérison des blessures, il fut appelé le *Vulnéraire*.
Son arrivée causa d'abord le plus grand plaisir, mais bientôt la cruauté avec laquelle il employa le fer et le feu, fit
changer son nom en celui de *bourreau, carnifex*, et même
inspira de l'aversion pour l'art en général ainsi que pour
tous les médecins (2).

Cette haine des médecins a trouvé son représentant le
plus illustre dans Caton, le censeur, qui les poursuivait de
ses sarcasmes. Après Carthage, Rome, suivant lui n'avait
pas d'ennemis plus redoutables que les médecins. « Les
Grecs, écrivait Caton à son fils Marcus, les Grecs sont une
race perverse et indocile. Croyez qu'un oracle vous parle,
quand je vous dis : toutes les fois que cette nation appor-
tera ses connaissances, elle corrompra tout. Ce sera bien
pis, si elle nous envoie ses médecins; ils ont juré entre eux
de tuer tous les barbares à l'aide de la médecine. — Nous
aussi ils nous appellent barbares. Je vous ai interdit les
médecins (interdixi te medicis) (3). »

Au siècle d'Auguste, le plus célèbre des ces médecins
grecs fut Asclépiade de Bithynie, qui avait quitté l'élo-
quence pour la médecine; il fut à Rome le père de l'hydro-

(1) Dr Réné Briau, Assistance médicale chez les Romains, p. 8. V. Dezobry, III, p. 478.

(2) Dezobry, III, p. 477.

(3) Daremberg, p. 8.

thérapie. Son disciple Musa guérit ainsi Auguste d'une grave maladie, ce qui lui valut une statue d'airain vis à vis celle d'Esculape dans le temple de ce dieu; mais peu de mois après, ajoute M. Dezobry, Musa ayant employé le même remède à l'égard de Marcellus, neveu de l'empereur, il le tua (1).

Plus tard, lorsque Rome fut devenue la capitale du monde connu, les médecins y furent en grand nombre, tout citoyen un peu riche, en compte plusieurs parmi ses esclaves; et même après leur affranchissement ils restent attachés à leurs patrons. De plus, on distinguait alors les professions libérales des professions serviles, et la considération des médecins libres s'accrut en même temps que leur fortune.

D'ailleurs la profession médicale était entièrement libre. « A Rome, dit Montesquieu, s'ingérait dans la médecine qui voulait » (2). Qu'un homme se dise médecin, « on le croit sur parole, quoique nul autre mensonge ne puisse avoir des suites aussi funestes, mais personne n'y fait attention, tant l'espérance a de charme » (3).

Ainsi, le mot *collegium medicorum*, qui se trouve dans les inscriptions (4), ne correspond pas à l'idée d'une corporation choisissant ses membres et leur imposant certaines conditions d'aptitude et de dignité professionnelle. Aussi ne refusait-on à personne la qualité de médecin. « Les jurisconsultes se virent obligés de la leur reconnaître à tous également : aux rebouteurs comme aux fistulaires, aux pédicures comme aux dentistes. Les femmes n'en furent point exclues. Le cas est prévu dans le Code. Les médecins de l'un et de l'autre sexe, dit Justinien (5). »

---

(1) Dezobry, III, p. 483.

(2) Montesquieu, Esprit des Lois, liv. 29, ch. XIV.

(3) Dezobry, III, p. 478.

(4) Orelli, 4132, 4133.

(5) C. I, C. VI, 43. C. I, § 8, C. VII, 7.

On connaît plusieurs épitaphes qui portent ce mot, *medica*
et même avec des qualificatifs tels que ceux-ci : première
de son quartier, ou clinicienne, *prima regionis suæ,
clinica*. Les médecins n'étaient pas hostiles à ces gracieu-
ses concurrentes, ils leur dédiaient des livres spéciaux :
« Victoire, doux ministère de mon art, je veux t'aider de
mes connaissances, » écrivait Théodore Priscien à l'une
d'elles. » *Victoria artis meæ dulce ministerium, ego
quidem te scientiâ juvabo* (1).

Cependant, Ulpien dans le fragment précité, refuse le
titre de médecin aux enchanteurs, à ceux qui font des
exorcismes. *Non tamen si incantavit, si imprecatus est
(si ut vulgari verbo impostorum utar) excorcisavit
non sunt ista medicinæ genera, tametsi sint qui hos
sibi profuisse cum prædicatione adfirment.*

Les peines les plus sévères étaient même édictées contre
les magiciens, bien que certains empereurs leur permettent d'exercer leur art, pour fournir des remèdes aux hommes, détourner les orages, les vents et la grêle des ven-
danges prêtes à mûrir (2).

A côté de la médecine libre et ouverte à tous, il y avait
aussi la médecine officielle. A l'époque d'Auguste on distinguait les médecins en deux classes. Les uns, placés dans
les hautes régions, attachés au service du palais, étaient
les médecins dits *Palatii*, habitués des palais impériaux (3).

Il y avait aussi les médecins appelés *Archiatres*, et plus
rapprochés des simples citoyens. Ils étaient habituellement
disséminés dans les divers quartiers de Rome et de Cons-
tantinople, ils étaient nommés par le Sénat assisté de mé-

---

(1) Dr Revillou, Gazette des hôpitaux, 28 juin 1866, p. 299.

(2) V. Paul sent. l. V, t. 21, et t. 23, § 1, etc. V. l. 4, C, IX, 19. De
Malé et Math. V. C. th. l. 4, liv. IX, 16. Cette const. est reproduite au
code de Just. C. 5, C. IX, 18.

(3) C. 15, 16, 19, C. th. de præf. et med.

decins et leur choix devait être ratifié par l'empereur (1).
Leur nombre était limité. Antonin le pieux, fixa le nombre des archiatres à 10 dans les grandes villes, à 7 dans les
villes de deuxième ordre, et à 5 dans les villes moins im-
portantes. Au-dessus de ce nombre les autres ne jouissaient plus du privilége de médecins d'Etat (2). Ces médecins dans les villes de Province étaient nommés par la
curie assistée d'hommes spéciaux ; ils pouvaient d'ailleurs
être révoqués de la même manière (3).

§ 2.

Des honoraires.

La profession médicale parait avoir été fort lucrative, à
Rome, pour les médecins libres , ou au moins les plus renommés d'entre-eux. Certains des archiatres recevaient
un traitement de l'Etat, s'engageaient dès lors à soigner
les pauvres gratuitement, et se rapprochaient ainsi des
médecins militaires. Cependant Justinien abolit ces
traitements, si nous en croyons Procope (4). Mais les plus
grands émoluments des médecins libres consistaient dans
leurs honoraires, que les plus célèbres d'entre-eux avaient
portés à un taux très élevé. On cite Cassius, médecin de
l'empereur, qui en recevait 250,000 sesterces par an , Ster-
tinius, qui avait fixé ses honoraires annuels dans la famille impériale à 500,000 sesterces, montrait qu'il sacri-

---

(1) L. 8, C. th. h. t.
(2) L. 6, § 1, D. XXVII, 1.
(3) L. 9. C. th. h. t. l. 6, § 2, D. XXVII, 1. Serrigny, Droit public et
administratif des Romains, II, n° 1014.
(4) C. 9, C. X, 52, Procope, ch. XXVI.

flait encore une partie du produit de sa clientèle. Crinas laissait en mourant 10.millions de sesterces et il avait fait de grandes dépenses pour sa ville natale. Un jeune homme, natif de Marseille, nommé Charmis, demanda 200,000 sesterces pour aller en province soigner un malade. Pline qui rapporte ces faits, s'indigne contre de telles exagérations : « Aucun métier n'est plus lucratif, leurs profits n'ont plus de limites..... Je n'accuserai pas leur avarice, les marchés rapaces dans les fatales conjonctures, l'impôt fixé sur les souffrances, les arrhes de la mort, pour ainsi dire, et les secrets prélèvements (1). »

C'était là, sans doute, l'exception, et le nombre des spécialistes, des empiriques et des charlatans, tendrait à prouver qu'à côté de ces grands médecins, il y en avait, comme aujourd'hui, de médiocres, et de petits, vivant avec peine de leur art.

Ce qui nous intéresse particulièrement, c'est de savoir comment le droit avait sanctionné la créance des médecins; on n'avait pas admis pour les professions libérales (*studia liberalia*), d'action proprement dite avec délivrance de formule et renvoi devant un juge; on s'était refusé a y voir d'une part, un louage d'ouvrage, parce que le fait n'est pas mercenaire, n'est pas de ceux qui ont coutume d'être loués; et, d'autre part, un mandat parce qu'entre autres raisons, le mandat était considéré par les Romains comme essentiellement gratuit. Le prêteur ou le président de Province retenait donc l'affaire, et la jugeait lui-même *extra ordinem*. Ecoutons Ulpien : *Medicorum quoque eadem causa est quæ professorum nisi, quod justior quum hi salutis hominum, illi studiorum curam agant et ideo his quoque extra ordinem jus dici debet* (2).

_____

(1) Pline, Hist. nat. liv. XXIX, § 1, Dezobry, III, p. 481. Révillou, Gazette des hôpitaux, du 28 juin 1866, p. 297.

(2) L. 1, § 1, D. l. 13, De extraord. cognit.

Du reste, le préteur examinait l'affaire comme l'aurait fait un juge, et il avait évidemment le droit de modérer les demandes exorbitantes d'honoraires (1). Ainsi nous voyons réprimer l'extorsion : un homme avait donné ses yeux à soigner à un médecin, et celui-ci l'avait contraint à lui vendre ses biens contrairement à la bonne foi. *Inci-vile factum præses provinciæ coercceat remque restitui jubeat* (2).

Tout ceci est vrai des médecins libres, mais nous avons vu que les maîtres riches faisaient apprendre la médecine à leurs esclaves intelligents, et ils les préféraient, à cause de leur présence quotidienne auprès d'eux, aux praticiens les plus célèbres, qui se bornent à de rapides visites auprès du malade. Il ne pouvait être question d'honoraires pour ces esclaves, et on peut même dire que cela nuisait à leur affranchissement, car leur prix en était considérablement augmenté. En effet Justinien estime à 60 solides le prix des esclaves médecins ou sages-femmes, tandis qu'il n'est que de 20 pour ceux qui sont *sine arte* (3).

Cependant cela n'arrivait pas jusques à empêcher que les esclaves médecins pussent être affranchis, et alors la condition de l'affranchi variait, suivant que le patron était ou non lui-même médecin.

N'était-il pas médecin ? l'affranchi lui devait des soins pour sa famille et pour ses amis. Pour ces derniers même, il avait dû y avoir controverse, car Julien dit qu'il n'est pas nécessaire pour user des *operæ* de son affranchi que le patron soit personnellement malade (4) Si le patron était lui-même médecin, il se faisait aider et remplacer par l'affranchi , *item plerumque medici servos ejusdem*

---

(1) C'est ce qui est dit formellement pour les avocats, l. 1, § 12, D. h. t. *Peti poterit usque ad probabilem quantitatem*, dit un rescrit impérial.

(2) L. 3, D. h. t.

(3) L. 3, pr. C VI, 45.

(4) L. 27, D. XXXVIII, 1.

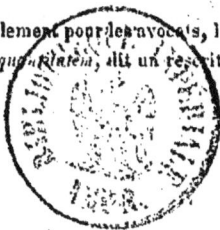

7

artis libertos perducunt quorum operis perpetuo uti non aliter possunt ; quam ut eas locent ajoute le texte. (1)

Ces *operæ* appelés *fabriles* pouvaient même être loués par le patron, s'il était pauvre, et Sénèque affirme que cet usage était passé dans les mœurs. Le patron non médecin pouvait donc plus facilement louer les services de son affranchi médecin que le patron médecin lui-même, qui pouvait l'employer comme collaborateur.

Outre les *operæ fabriles* dus par le fait seul de l'affranchissement, sans stipulation, ni serment, (2) l'affranchi devait encore des *operæ officiales*, mais seulement au patron lui-même et non pas à ses héritiers : *fabriles operæ cæteræque quæ quasi pecuniæ præstatione consistunt ad hæredem transeunt, officiales vero non transeunt.* (3) Ces *operæ officiales* consistaient en de bons offices, en des soins et des politesses quotidiennes que l'affranchi devait au patron. Celui-ci, s'il était médecin, pouvait se faire accompagner perpétuellement, et empêcher ainsi ses affranchis de rien gagner par eux mêmes. L'un d'eux demandait si tel était bien le droit du patron ? *Respondit jus, esse,* dit Alfenus Varus, *dummodo liberales operas ab eis exigeret, hoc est ut, acquiescere eos meridiano tempore et valetudinis et honestatis suæ rationem habere sineret* (4). Ainsi le droit est satisfait si le patron laisse le temps de faire la méridienne, et de se

---

(1) L. 23, § 2, D. XXXVIII, 1,

(2) Voir l. 7, pr. et l. 22, D. h. t. Ulpien, dans la première parle du serment et Gaius, dans l'autre, du patron qui a stipulé. On employait sans doute ces deux formes distinctes d'obligation *verbis*. Inutile de rappeler que l'obligation par serment est spéciale à cette hypothèse des *opera servorum*.

(3) L. 6, D. XXXVIII, 1.

(4) L. 26, pr. D. h. t.

soigner lui-même, à l'affranchi. A vrai dire, le patron dans ce cas devra nourrir et entretenir son affranchi, sinon le préteur refusera au patron la prestation des *operæ*. (1)

On comprend que, dans une pareille situation, l'affranchi ne pût pas gagner grand chose avec sa profession, et qu'il eût le plus vif désir de se racheter de droits aussi onéreux. On le lui avait permis, et le même Alfenus Varus répond qu'on devra estimer les *operæ* à leur valeur pour le patron, plutôt que [suivant le désavantage qu'éprouve l'affranchi en ne pouvant exercer la médecine. (2)

Aussi les maîtres se défiaient-ils de cette faculté de rachat, et n'affranchissaient-ils pas aisément leurs esclaves médecins, même par disposition testamentaire. Lucius Titius écrit dans son testament : « Je te recommande tels et tels esclaves médecins, il dépendra de ta volonté d'avoir de bons affranchis médecins; que si je leur eusse donné la liberté, j'aurais craint qu'ils ne fissent comme les esclaves médecins affranchis par ma sœur chérie, lesquels l'abandonnèrent après avoir payé leur indemnité. » (3)

De la condition des médecins esclaves ordinaires, se séparait profondément celle des esclaves publics, qui avaient étudié la médecine. Ces esclaves, quelle que fût leur profession, ont toujours eu une situation privilégiée. Nous les voyons servir de tabellion dans l'adrogation des impubères (Inst. *De adoptionibus*, l. I, t. 11, § 3.) On leur avait même permis de tester pour une portion des sommes qu'ils avaient pu gagner. Évidemment ces esclaves médecins pouvaient se racheter en payant au trésor du

<hr/>

(1) L. 18, 1. 19, 1. 20, pr. D. h. t.

(2) V. l. 26, § 1, D. h. t. Voir aussi, sur cette estimation et sur la clause pénale, qui a pu intervenir entre le patron et l'affranchi, l. 59, D. h. t.

(3) L. 11. § 6, D. XL. 5. de fidei. lib.

peuple leur estimation. Ils devenaient affranchis sans patron et leur condition était pareille pour les honoraires à
celle des médecins libre.

§ 3.

Des immunités accordées aux médecins.

Malgré le dédain des vieux romains pour les médecins,
leur utilité leur fit accorder bien vite des situations privilégiés. C'est ainsi que les médecins grecs eurent plus
facilement le titre de citoyen à l'époque où il était le plus
envié. César, après les guerres civiles, donna le droit de
cité à tous les étrangers, qui pratiquaient la médecine à
Rome à ce moment. Nous avons vu déjà que, sous Néron,
on plaça au-dessus des médecins ordinaires, les archiâtres.
médecins supérieurs. Ceux-ci, à leur tour, se subdivisèrent
en *archiatri palatii* ou médecins impériaux, et en *archiatri populares*. Ils étaient dégrevés des impôts, investis de titres honorifiques comme la *spectabilitas*, et les
médecins du palais ont eu même le rang de *comites primi*
et *secundi ordinis*. (1)

De même des immunités, entre autres celles de n'être
point tuteur ou curateur, étaient accordées par un rescrit
d'Antonia-le-pieux à 5 médecins dans les petites villes,
à 7 dans les moyennes, et à 10 dans les grandes. (2) Enfin
ces médecins privilégiés étaient exempts du service mili-
taire, et pour eux, leurs femmes, et leurs enfants, des char-
ges de la curie et de la cité. On comprend combien cette

---

(1) V. l. 1, C. th. VI, 16, l. 1, C. th. XI, 18, l. 12, 14, 16, 17, 18, C.
th. XIII, 3.

(2) L. 6, § 2, D. XXVII, 1.

position de médecin officiel devait être enviée, d'autant
plus qu'ils avaient en quelque sorte l'enseignement de la
médecine, et une surveillance sur leurs confrères : aussi
trouvons nous une constitution qui leur impose certaines
conditions, entre autres un examen devant une commission
de 7 juges au plus. (1)

§ 4.

De l'incapacité des médecins à recevoir par donation et testament.

On ne peut pas rattacher à cette idée la loi que nous
commentions tout à l'heure, et qui prononce la nullité
d'une vente extorquée par le médecin à son malade ; (2)
mais les empereurs Valentinien et Valere, en l'an 372,
parlant des archiâtres, leur défendent de recevoir ce que
les malades en péril leur auront promis pour leur salut :
*Quos etiam ea patimur accipere quae sani offerunt pro
obsequiis, non ea quae periclitantes pro saluti promit-
tunt.* (3) Cette constitution est spéciale aux médecins offi-
ciels et elle n'édicte du reste aucune sanction.

Ainsi nous ne trouvons rien de particulier, quant aux
médecins, pour l'incapacité de recevoir par donation ou
par testament ; il faut simplement que le donateur soit
sain d'esprit.

---

(1) L. 10, C. X, 52, de prof. et Med.
(2) L. 3, D. l. 15, De extraord. cognit.
(3) L. 9, C. X, 52. La même constitution forme la loi 8, l. XIII, 5. De
Med. et prof. au code théodosien ; elle y est datée de l'an 370. Edit. Hoel.

§ 5.

De la responsabilité des médecins.

Nous écarterons tout d'abord le cas de dol du médecin, car il est alors un criminel plus coupable même qu'un autre, et la loi Cornelia de *sicariis et reneficiis* le punissait de mort. *Ejusdem legis pœna adficitur qui in publicum mala medicamenta rendiderit* (1). Ceci s'adressait évidemment aux médecins, qui, jusques à Auguste, cumulaient la pharmacie et la médecine.

Nous supposerons simplement le médecin coupable de négligence ou d'impéritie. On ne doit pas, dit Ulpien, imputer au médecin l'évènement de la mort. Mais, d'autre part, il est responsable de son impéritie ; sous prétexte d'humaine fragilité, il ne faut pas laisser impuni le délit de celui qui trompe les hommes dans le danger (2). On comprend du reste cette responsabilité, et même une certaine sévérité, si l'on considère, d'une part, que l'accès de la profession médicale était libre, et, d'autre part, quelle était exercée par beaucoup d'affranchis tenus en légitime suspicion.

L'action donnée contre le médecin imprudent ou négligent était celle de la loi Aquilia que nous avons étudiée.

Cependant nous devons faire remarquer, que Proculus

---

(1) L. 5, § 1, D. LVIII, 8. Ad leg. Cor.
(2) L. 6, § 7, D. I, 18. D. off. pres. V. aussi l. 5, § 5, D. XXIX, 5. De Senat. Silan. et l. 14, § 7, D. XXXVIII, 2, De bon lib.

donne, pour le cas, où un chirurgien à mal opéré un esclave, le choix entre l'action de louage, et celle de la loi Aquilia. Nous avons vu plus haut, que cette assimilation de la médecine à un louage d'ouvrage n'avait pas été admise au profit du médecin. Il eût été bizarre de l'admettre contre lui, surtout lorsque l'action de la loi Aquilia s'appliquait naturellement à ce cas.

Outre cet exemple, cité par Proculus, Labeon parle de la sage-femme qui a donné un médicament mortel ; elle sera tenue de l'action de la loi Aquilia, ou d'une action *in factum*, suivant qu'elle a administré le médicament, ou qu'elle l'a donné simplement à la patiente qui l'a pris elle-même.

Gaius donne l'action de la loi Aquilia contre celui qui a ordonné mal à propos un médicament, ou qui, après avoir bien opéré, à abandonné la cure de son malade.

Enfin, si un esclave est mort de ses blessures, mais par l'ignorance du médecin, celui-ci pourra être poursuivi.

CHAPITRE II.

Résumé historique de la législation de la médecine en France.

Si nous remontons le plus loin possible, dans l'antiquité de notre Gaule, nous trouvons les Druides investis, tout à la fois, des fonctions religieuses, de la justice, et de l'exercice de la médecine. Il est clair qu'ils ne devaient pas être fort avancés, et que les pratiques superstitieuses devaient faire concurrence à celles de l'art de guérir. Il paraît que les femmes des druides les assistaient dans les soins donnés aux guerriers blessés. Pline dit : « Qu'ils regardaient le

gui de chêne comme un remède souverain pour la stérilité ;
qu'ils l'employaient contre toute sorte de poisons, et qu'ils
en consacraient la récolte par quantité de cérémonies superstitieuses. (1). » — Un peu plus tard, vers le VI⁰ siècle,
ce sont des moines qui, considérant la médecine comme un
devoir attaché à la profession religieuse, pratiquent l'art
de guérir (2).

Mais, dit Sprengel : « Leur science médicale était bien
bornée, et, s'ils laissent de côté les sortiléges, ils ont plutôt
recours aux cérémonies religieuses, et aux reliques des
martyrs qu'à des médicaments. C'étaient, plutôt, de pieux
et fanatiques gardes malades, que des médecins, dans la
véritable acception du mot. (3). »

Sous Charlemagne, nous retrouvons ici l'impulsion qu'il
sut donner à toutes les idées civilisatrices. De concert avec
Alcuin et Théodulphe, évêque d'Orléans, une école fut
fondée pour les diverses branches des sciences , et il est à
croire que la médecine n'y fut pas négligée, et, qu'elle fut
enseignée dans les diverses écoles des cathédrales, sous le
nom de physique (4).

Du reste, à cette époque reculée, s'il est probable que
les moines lisaient déjà les auteurs latins et notamment
Celse pour la médecine, il est cependant certain, que, depuis le IX⁰ jusques au XIII⁰ siècle, cette science fut surtout cultivée par les Arabes dans l'Asie, l'Afrique, et l'Espagne. Les amateurs des sciences « étaient alors obligés
d'aller en Espagne chez les Sarrazins, d'où revenant plus
habiles, on les appelaient mages ; » et c'est ainsi que les
noms d'Avicène et d'Averrhoès sont devenus presqu'aussi
célèbres que ceux de Celse et de Galien (5).

---

(1) Encyclopédie de Diderot et d'Alembert, article Médecine.
(2) Hist. littér. de la France. Bénéd. de Saint-Maur, III, p. 165.
(3) Sprengel, Hist. de la Méd., II, p. 545.
(4) Sprengel, Hist. de la Méd., II, p. 548.
(5) Encyclopédie, article précité.

On comprend que la condition des médecins , desquels on n'exigeait aucune science, fut assez précaire ; aussi les lois de Théodoric, roi des Visigoths, qui régirent une partie de l'Occident jusques au XI° siècle, témoignent-elles du peu de confiance qu'on leur accordait : Aucun médecin ne peut donner ses soins à une femme ou à une fille noble, si ce n'est en présence d'un parent ou d'un serviteur , et ce, à peine d'amende de dix sous d'or. — De plus, le médecin devra, quand il sera amené à panser un plaie, fournir caution et convenir du prix, qu'il ne pourra du reste exiger, si le malade vient à mourir. S'il blesse un gentilhomme, le médecin paiera une amende de cent sous d'or. Si le gentilhomme meurt des suites de l'opération, le médecin sera livré aux parents du défunt et ceux-ci pourront le traiter comme bon leur semblera. Si c'est un serf qui a été blessé, l'homme de l'art devra en restituer un autre au seigneur, et, il sera de plus tenu de lui payer douze sous pour son apprentissage (1). C'était comme on le voit, entendre d'une manière bien sévère les principes de la responsabilité médicale.

C'est à ce peu de cas qu'on faisait des médecins , qu'on doit attribuer la défense des conciles, qui enjoignaient aux ecclésiastiques de s'abstenir de toute pratique médicale, s'ils appartenaient au haut clergé, sous peine d'excommunication. Toutefois les moines et les sous-diacres ne furent pas compris dans la prohibition. — Synode de Reims 1131, Concile de Montpellier 1162, de Tours 1163, de Paris 1212 et de Latran 1215 (2).

Les religieuses purent continuer de soigner les malades, et au XII° siècle Abailard engageait celles du Paraclet à ne pas négliger la médecine.

La fondation de l'Université de Paris, au commencement du XIII° siècle, qui ne tarda pas à comprendre la faculté

---

(1) Lois des Visigoths, I, p. 204.
(2) Sprengel, II, p. 351.

de droit et la faculté de médecine, outre celle de théologie
et des arts, fit sortir la médecine de l'état d'enfance et de
barbarie dans lequel elle se trouvait, et la profession de
médecin cessa d'être libre, comme elle l'avait été dans le
droit romain. Il fallut être gradué par une faculté, ou
attaché d'une manière effective au service médical de la
maison du roi pour pouvoir exercer l'art de guérir. L'art.
59 des statuts de la faculté de médecine de Paris, s'exprimait ainsi : *Lutetiæ medicinam faciat, nisi in hâc me-*
dicorum scholâ, licentiatum aut doctorum assecutus,
aut in corum collegium cooptatus, aut in domestico-
rum regionum album inter medicos regios relatus sit,
regique christianissimo reipsa inserviat : ita ut ne
baccalaureis quidem hujus facultatis liceat in urbe,
aut suburbiis sine doctore medicinam exercere : cæteri
illicite medicinam facientis, reprobantur (1).

Mais, comme les universités étaient alors dirigées par
les ecclésiastiques et que l'église a horreur du sang, la
chirurgie fut séparée de la médecine, et, sous saint Louis,
Jean Pitard, premier chirurgien de ce roi, fonda le collége
des chirurgiens, sous le nom de collége Saint-Côme. Mais
la faculté de médecine appela les barbiers pour leur confier, d'abord, les opérations de la petite chirurgie ou chirurgie ministrante. Elle les initia aux grandes opérations,
et, par lettres patentes de 1611, juridiction fut donnée au
premier barbier du roi sur tous les chirurgiens du royau-
me. Elle parvint même deux ans plus tard à obte... des
lettres patentes d'août 1613, qui unirent le corps des barbiers à celui des chirurgiens. La lutte n'en continua pas
mois fort vive, et le collége de Saint-Côme se maintint
dans une possession de fait, jusqu'à ce qu'en 1731 la créa-

(1) Voir dans le même sens : Lettres de Charles VI au prévôt de Paris,
20 août 1390. Arrêt du Parlement, 12 septembre 1598. Déclaration du roi
du 5 mai 1634, 19 juillet 1690. Ordonnance de Henri III, mai 1579. Delamarre, Traité de police, II, p. 524.

tion d'une académie royale de chirurgie dans le corps de
Saint-Côme, fut approuvée par Louis XV. La déclaration du
du roi du 23 avril 1743 rétablit la nécessité du titre de maître ès-arts (bachelier ès-lettres et ès-sciences), pour ceux
qui aspirent à exercer la chirurgie dans la ville de Paris.
« Cette loi lavait les chirurgiens des ignominies qui les re-
couvraient, en rompant le contrat d'union avec les barbiers;
elle rendait les chirurgiens à l'état primitif de leur art, à
tous les droits, priviléges, prérogatives dont ils jouissaient
par l'autorité des lois avant cette union » (1). Mais l'université ne se tint pas pour battue; bien que la déclaration
du 23 avril 1743 parut avoir définitivement séparé les chirurgiens des barbiers, elle réclamait le droit exclusif
d'enseigner la chirurgie; ce qui eut entraîné la chute des
colléges particuliers. Les chirurgiens se défendirent et les
contestations ne furent terminées que par un arrêt du
conseil d'Etat du 4 juillet 1750, confirmé par un édit de
réglement de 1768. Une faculté spéciale de chirurgie était
créée dans le collége de Saint-Côme de Paris, avec des
cours et des examens particuliers présidés par le doyen
de la faculté de médecine, et deux docteurs assistants, sans
voix délibérative. Seulement la faculté de chirurgie ne
formait pas une cinquième faculté ajoutée aux quatre
autres, elle était de l'ordre purement laïque et les autres
de l'ordre apostolique. Les anciens chirurgiens, en 1579,
avaient voulu entrer dans l'Université à la suite des lettres
patentes de François Ier, qui en 1544, accorda au collége
des chirurgiens de Paris, les mêmes priviléges que ceux
dont jouissaient les suppôts, régents, et docteurs à l'université de cette ville. Pour y parvenir, ils s'étaient adressés
au Pape, qui leur avait accordé une bulle à cet effet; mais
elle occasionna un procès qui ne fut jamais décidé (2).
Si nous nous sommes étendus aussi longuement sur les

(1) Encyclopédie, art. chirurgie.
(2) Encyclopédie, art. chirurgie.

chirurgiens, c'est que leur histoire explique pourquoi ils
ont été toujours subordonnés aux médecins dans l'ancien
droit, et pourquoi nous trouverons à leur égard des applications plus sévères du principe de la responsabilité.

Tout cet édifice s'écroula par le décret du 18 août 1792,
qui supprime toutes les congrégations séculières, même
celles qui sont livrées à l'enseignement, et, par suite, la
société royale de médecine, les académies de médecine et
de chirurgie.

Vint après l'anarchie révolutionnaire. Nous trouvons
notamment un décret du 13 brumaire an II, qui exempte
les médecins, à titre d'ouvriers de santé, des mesures de
rigueur prononcées contre les étrangers ; et un arrêté du
3 vendémiaire an VII (24 sept. 1798), qui édicte des mesures de police pour les salles de dissection et les labora-
toires d'anatomie. Enfin, la profession médicale cessa de
nouveau d'être libre par la loi des 19-20 ventôse an XI
(10 mars 1803), qui la régit encore, bien qu'on ait tenté de
la modifier(1).

On nous saura gré de rapporter ici quelques passages de
l'exposé des motifs de cette loi, présenté au Corps législatif par le célèbre Fourcroy : voici comment il jugeait
l'ancien état des choses, et celui qu'avait créé la Révolution : « Le régime intérieur des facultés de médecine, autrefois liées à l'ordre de la cléricature, se ressentait encore
en 1790 et 1792, du caractère de monachisme qui leur
avait si longtemps appartenu. Sous prétexte de discipline
de corps, les membres étaient recherchés, persécutés
même pour leurs opinions médicales comme pour leur
conduite privée. — A côté de quelques avantages dus à ce
régime, les passions, les jalousies se couvraient trop souvent du voile de l'ordre et de la noblesse de l'état de mé-

(1) En 1825 notamment. M. de Salvandy présenta en 1847 à la Chambre
des pairs un projet de loi qui fut adoptée par elle, mais que la Révolution
de 1848 empêcha d'arriver à la Chambre des députés.

decin, pour tourmenter ceux d'entre eux que des idées
nouvelles et des succès trop prompts distinguaient et
tiraient de la classe commune. On se souvient des guerres
allumées à l'occasion de l'antimoine, de l'inoculation, des
académies de médecine séparées des facultés, des médecins de la cour, des chirurgiens pratiquant la médecine.
Une pédanterie magistrale s'associait même au mérite
saillant, et, le couvrait d'un ridicule qui retardait
les progrès de l'art. D'ailleurs, si deux facultés surtout.
celle de Paris et celle de Montpellier, avaient conservé la
sévérité et la dignité dans leurs examens et leurs réceptions, presque toutes les autres étaient devenues si faciles
pour les récipiendaires, qu'on a vu le titre de docteur
conféré à des absents et les lettres de réception envoyées
par la poste. »

« Il faut en dire autant des réceptions de chirurgiens
qui, bien que faites à Paris et dans deux ou trois autres
grandes villes, présentaient encore plus d'abus, plus d'arbitraire et moins de sévérité pour leur choix que celui des
médecins; parce que les communautés de chirurgiens trop
multipliées et le droit de recevoir trop répandu, admet-
taient à des épreuves trop simples et à des expériences
trop légères, comme on les appelait, des sujets trop peu
instruits pour leur confier la vie des hommes...

« Depuis le décret du 18 août 1792, qui a supprimé les
Universités, les Facultés et les corporations savantes, il
n'y a plus de réceptions régulières de médecins et de chirurgiens. L'anarchie la plus complète a pris la place de
l'ancienne organisation. Ceux qui ont appris leur art se
trouvent confondus avec ceux qui n'en ont point la moindre notion. Presque partout, on accorde des patentes également aux uns et aux autres. La vie des citoyens est
entre les mains d'hommes avides au moins autant qu'ignorants. L'empirisme le plus dangereux, le charlatanisme le
plus déhonté abusent partout de la crédulité et de la bonne
foi. Aucune preuve de savoir et d'habileté n'est exigée...

Les campagnes et les villes sont également infestées de charlatans qui distribuent les poisons et la mort avec une audace que les anciennes lois ne peuvent plus réprimer. Les pratiques les plus meurtrières ont pris la place des principes de l'art des accouchements. Des rebouteurs et des meges imprudents abusent du titre d'officier de santé pour couvrir leur ignorance et leur avidité. (1) »

Nous avons réuni ici tout ce que nous nous proposons de dire sur l'histoire de la profession médicale en France. Nous pouvons maintenant aborder véritablement notre sujet, c'est-à-dire étudier, au point de vue du droit privé, les médecins et ceux qui s'ingèrent dans la médecine, d'abord dans notre ancienne jurisprudence, ensuite dans le droit actuel.

Nous allons rechercher successivement :

1° Les peines qui atteignaient l'exercice illégal de la médecine ;

2° Le droit des médecins aux honoraires ;

3° Leur incapacité de recevoir par donation et par testament ;

4° La responsabilité médicale ;

5° Enfin le secret médical.

_____

(1) Le même rapport fait mention de trois Écoles de médecine instituées par la loi du 14 frimaire, an III, dont les élèves pouvaient à peine « faire constater les connaissances qu'ils _avaient_ acquises, et se distinguer des prétendus guérisseurs..... »

PREMIÈRE PARTIE

DES MÉDECINS

DANS NOTRE ANCIENNE JURISPRUDENCE

§ Ier.

*Des peines qui atteignaient l'exercice illégal de la
Médecine.*

Les charlatans et empiriques ne faisaient pas défaut
dans notre ancienne jurisprudence. « C'est cette espèce
d'hommes qui, sans avoir d'études et de principes et sans
avoir pris de degrés dans aucune espèce d'université, exercent la médecine et la chirurgie sous prétexte de secrets
qu'ils possèdent et qu'ils appliquent à tout (1). » Le public
était alors aussi facile à tromper qu'aujourd'hui, et ceux
qui l'exploitaient, savaient déjà dire de lui : « Il veut être
trompé, qu'il le soit. *Vulgus vult decipi, decipiatur*

_____

(1) Encyclopédie, art. Charlatan où sont racontées de très curieuses
anecdotes.

ergo. » Plusieurs documents, émanés de la puissance royale, réprimèrent ces manœuvres (1).

Nous voyons dans l'arrêt de règlement du Parlement de
Paris, du 27 juin 1727, que ceux qui auront exercé, à Paris,
sans être membres de la Communauté des chirurgiens,
seront passibles de 1,000 livres d'amende et de la confisca-
tion des ustensiles et instruments. Il est permis aussi
d'emprisonner les contrevenants, sauf à prononcer de
plus grandes peines en cas de récidive (2).

Cependant, on trouve, dans le répertoire de Merlin, de
nombreux arrêts, desquels il résulte que les magistrats de
police pouvaient déroger à ces défenses par des permis-
sions particulières, malgré l'édit du mois de septembre 1692,
qui avait défendu à toute personne de se mêler de chirurgie,
sans y avoir été admise après examen.

Mais le même auteur affirme que, depuis les règlements
faits par Louis XV sur la chirurgie, ces exceptions ont
entièrement cessé, et il cite également de nombreux
exemples à l'appui.

Comme les médecins et les chirurgiens exerçaient alors
deux professions différentes, on avait jugé que la présence
du médecin ne faisait pas disparaître la contravention de
celui qui aurait indûment exercé la chirurgie sous ses
yeux (3).

Enfin, chose bizarre, il paraît que les exécuteurs des
hautes œuvres étaient volontiers rebouteurs et s'essayaient
à remettre les fractures et luxations. « Le vulgaire, dit
Merlin, s'imagine que, parce qu'ils sont au fait de rompre les
os à un malheureux, ils doivent avoir plus d'habileté qu'un

---

(1) Lettres patentes de septembre 1709. Edit. de septembre 1723. Dé-
clarations du 24 février 1730, du 5 septembre 1756. Arrêt du Parlement
de Parlement de Paris, 18 Juillet 1755.

(2) Denisart, article chirurgie.

(3) Parlement de Flandre, 26 novembre 1756, 7 mai 1770.

chirurgien pour les remettre (1). » Celui de Fontenay-le-
Comte faisait une telle concurrence aux chirurgiens, qu'il
fut poursuivi par eux, et finalement condamné à 10 livres
d'amende par un arrêt de la grand'Chambre du 8 mars
1755.

Des prêtres, qui se livraient à l'exercice de la médecine,
furent aussi poursuivis dans notre ancienne jurisprudence,
et un arrêt du Parlement de Rouen du 26 mars 1737 (avant,
il est vrai, le règlement de 1752) jugea qu'un prêtre, sans
autre qualité, peut exercer la médecine, la chirurgie et la
pharmacie pourvu que ce soit gratuitement (2).

Il nous semble hors de notre sujet d'examiner ici, la dé-
pendance du chirurgien à l'égard du médecin ; la défense
de procéder aux grandes opérations, hors la présence du
médecin, ni même la disposition de l'art. 9 de l'arrêt du
Conseil du 4 juillet 1750, qui ordonne aux chirurgiens,
reçus depuis moins de deux ans, de se faire assister, pour
les grandes opérations, de deux autres maîtres reçus depuis plus de douze ans (3). Il ne reste plus heureusement
trace de ces distinctions, et de cette suprématie. Elles
existent encore en Angleterre.

§ 2.

Des honoraires.

L'ancienne jurisprudence accordait aux médecins une
action pour le paiement des honoraires; l'article 125 de la
Cour de Paris la reconnaissait expressément, puisqu'elle la

----

(1) Merlin, V° chirurgien, § 5, n° 4.

(2) Voir sur tous ces points, Merlin, loc. cit.

(3) Voir sur ces divers points : Encyclopédie, art. Chirurgie et Deni-
satt, même article.

soumettait à une prescription d'un an (1). Ils devaient tenir un registre exact, et jour par jour, de leurs visites et opérations. Pendant l'année, leurs mémoires faisaient preuve; après ce délai, ils ne pouvaient plus que déférer le serment au défendeur, sur le point de savoir, s'il avait payé.

Cependant, en cas de mémoire exorbitant, le défendeur pouvait faire des offres et demander à être taxé, et Merlin nous dit: les visites des médecins sont habituellement taxées au Châtelet de Paris, à 40 sous chacune. La jurisprudence ne se montrait pas non plus favorable aux conventions faites au moment de la maladie, entre le médecin et le malade, pour le prix du traitement (2).

Du reste, l'action des médecins et chirurgiens était privilégiée sur le mobilier du malade et ils concouraient entre eux au marc le franc, s'il n'y avait pas de quoi à les payer tous. Ce privilége venait immédiatement après celui des frais funéraires, et on s'était demandé s'il porterait subsidiairement sur les immeubles. L'affirmative avait prévalu. Cette opinion fut consacrée par arrêt du parlement de Paris du 28 février 1604, et par un nouvel arrêt, toutes Chambres réunies, le 16 mars 1611 (3).

Il paraît bien certain que le privilége ne s'appliquait qu'en cas de déconfiture après décès ; c'est-à-dire pour les frais seulement de la maladie, dont était mort le débiteur. Merlin rapporte un arrêt du 30 mars 1638, confirmatif d'une sentence rendue au bailliage de Troye, le 24 septembre 1636, entre le sieur Fauveau, conseiller en cô siége, et le sieur Millet, chirurgien, à la même ville. Par cet arrêt, dit-il, le

---

(1) Ce délai n'était pas uniforme; en Provence, il était de six mois, dans les Pays-Bas de deux ans.

(2) Arrêt du 5 septembre 1770, et Merlin, Répertoire. V° Médecin, § 3, n° 6, V° Chirurgien, § 1, n° 1, et V° Honoraires, § 2.

(3) Basnage. hyp. ch. 9.

chirurgien n'aura aucune préférence si le débiteur est encore vivant (1).

Sauf l'autorité de l'illustre procureur-général à la Cour de cassation, et celle de l'arrêt qu'il invoque, nous nous croyons autorisés à penser que nos anciens auteurs ont toujours visé le cas de déconfiture après décès, et ne se sont pas préoccupés *in terminis* de l'hypothèse d'une déconfiture, ou d'une faillite arrivée du vivant d'une personne qui devrait encore les frais de sa dernière maladie. Nous renvoyons cette démonstration au paragraphe correspondant dans notre droit actuel, où la question se présente formellement.

§ 3.

De l'incapacité de recevoir par donation et par testament.

L'article 131 de l'ordonnance de François Ier de 1539, déclare « toute disposition entre vifs ou testamentaire faite au profit des tuteurs...... et *autres administrateurs*, est nulle, et de nul effet, et cette disposition est reproduite dans l'article 270 de la coutume de Paris. Or, on avait compris les médecins et chirurgiens sous cette dénomination vague d'administrateurs, et cela à cause de leur ascendant irrésistible sur le malade. *Imperatoribus una medicina imperat.* « Le médecin, dit Merlin, captive la volonté avec

---

(1) Merlin, Vᵒ Chirurgien, § 1. Il paraît citer cet arrêt d'après Brodeau sur Louet, lettre C, § 20. Nous n'avons pu le vérifier, ayant sous les yeux la 10ᵉ édit. du recueil de Louet, revue par Julien Brodeau, et qui est datée de 1650. Ce que nous pouvons dire, c'est que aucun mot dans cette édition ne nous paraît prévoir une déconfiture autrement qu'après décès.

d'autant plus de succès que le malade ne croit pas qu'il soit
permis de résister, *persuadere plus est quam cogi sibi pa-
rere.* » « L'empire attaché à ces fonctions sur la faiblesse
du malade fait vouloir à celui-ci tout ce que l'homme de
l'art dont il espère sa guérison veut exiger, *rapuit me
nolentem, et fecit ut vellem* (1). »

Ainsi, les donations et les testaments faits par les malades aux médecins, sont en principe nuls, et l'ordonnance
n'exige pas dans son texte que le malade soit mort de la
maladie pendant laquelle il a fait la disposition; mais, d'autre part, aucune incapacité ne frappe le médecin, s'il s'agit
de libéralités faites par des personnes en santé.

Cette absence de la condition de la mort ne nous éton-
nera pas, si nous considérons, que la plupart des coutumes
réputaient donations à cause de mort, et par conséquent révocables, les donations faites en vue de la mort.

Mais la présomption de nullité n'était pas absolue, et un
médecin pouvait être admis à faire la preuve contraire. La
jurisprudence, notamment, validait le legs fait à un médecin parent, héritier, ami du malade, et toutes les fois qu'il
y avait preuve de la préexistence de la volonté de donner
à la maladie.

La sentence la plus remarquable à cet égard est celle
que nous rapporte Merlin, par laquelle, le 20 juin 1763, sur
les conclusions de M. l'avocat général Séguier, le parlement de Paris maintint les sieur et dame Mac-Mahon
dans la possession d'une donation et d'un testament dont
l'objet montait à deux millions, 500,000 livres. L'affaire
était plaidée par deux des plus grands avocats de l'ancien
barreau, Gerbier et Elie de Beaumont.

Le sieur de Moray et le marquis de Vianges avaient
fait cette donation et ce legs au profit de l'épouse du
sieur Mac-Mahon, accusé d'avoir abusé de sa *qualité de*

_____

(1) Merlin, Vᵒ Chirurgien, § 1.

médecin, pour capter leurs dispositions. Or une déclaration du mois de février 1549, enregistrée le 4 mars, avait
défendu les dispositions indirectes par personnes interposées au profit des incapables tout aussi bien que les directes. Mais Gerbier fit maintenir la libéralité en s'appuyant
surtout sur ce que le médecin peut recevoir de son malade, lorsque revenu en santé, celui-ci ne révoque pas la
libéralité qu'il a faite, et aussi sur ce que la dame Mac-
Mahon était parente et belle-sœur du donataire (1). —
Faisant allusion à des faits de l'histoire contemporaine et
à la bataille de Magenta en particulier, M. l'avocat général Oscar de Vallée, a tiré un très-heureux parti de ce
procès dans ses belles conclusions relatives au procès du
testament du duc de Gramont-Caderousse.

Nos anciens auteurs allaient plus loin, et du même
principe certains d'entre eux avaient voulu tirer cette
autre conséquence, que le médecin ne pourrait épouser
une femme qu'il aurait soignée. Cependant plusieurs arrêts
déboutèrent des pères et mères, et des parents collatéraux,
de leur opposition au mariage qu'une malade voulait
contracter avec le médecin qui l'avait guérie (2).

Mais d'autre part, on jugeait qu'il ne fallait point valider la promesse de mariage qu'une fille ou veuve pourrait
faire à son médecin en état de maladie, et en faire la base
d'une demande en dommages-intérêts (3).

---

(1) Merlin, V° Médecin, § 5.
(2) V. Merlin, Répertoire, V° Chirurgien, § 1, et V° Médecin, § 5.
Arrêt parlementaire, Flandre, 1772 et 50 mars 1784.
(3) Arrêt du 13 juin 1607, qui déboute le sieur Labrosse, médecin,
d'une demande en dommages-intérêts pour l'inexécution d'une pareille
promesse.

§ 4.

De la responsabilité.

Les anciens auteurs parlent surtout de la responsabilité médicale à propos des chirurgiens, dont la position était plus humble. Mais on trouve cependant des arrêts qui admonestent un médecin imprudent, avec défense de récidiver, à peine de punition plus grave.

De même, le médecin qui avait commencé un traitement, aurait pu être recherché s'il avait refusé de le continuer sans excuse légitime. Pour les chirurgiens, outre que Merlin paraît dire qu'ils doivent au public leur ministère (1), on cite des arrêts, comme celui du 22 juin 1768, qui condamnent un chirurgien à 15,000 livres de dommages-intérêts pour impéritie manifeste.

Mais, dit Merlin, c'est pourtant bien rare que de pareilles actions réussissent. Vinnius, avant lui, avait dit, avec cet esprit d'épigramme, que les hommes bien portants ont toujours aimé à exercer contre les médecins : « il arrive rarement que leur faute vienne en justice; car, comme on l'a dit, la terre cache leurs erreurs, et le soleil illumine leurs bienfaits. *Errata medicorum terra occultat, beneficia sol illustrat :* et Pline écrit, quelque part, qu'aux seuls médecins il est permis de tuer impunément leurs semblables. Papon rapporte, qu'un médecin qui avait fait prendre à son malade une potion plus forte que de coutume, fut renvoyé impuni par un arrêt de Paris, mais non sans la menace d'une sévère surveillance, si à

(1) Merlin, V° Chirurgien, § 2 n° 1.

l'avenir il ne s'abstenait pas de pareilles médications (1). »
Du reste, pour revenir à ce qui concerne, en particulier,
le chirurgien, lorsqu'il voulait mettre sa responsabilité à
couvert, il n'avait qu'à s'abriter sous celle d'un médecin,
et à opérer par son ordre (2).

§ 5.

Du secret.

Nous en parlerons d'une manière assez étendue dans la
partie consacrée au droit actuel; il nous suffira de dire
ici que les anciens auteurs avaient considéré la discrétion
comme une qualité morale essentiellement requise des
médecins et chirurgiens. Le secret était ordonné par les
statuts de la Faculté de Médecine et mentionné dans le
serment d'Hippocrate.

Ainsi, on trouve à cet égard un édit du 25 septembre 1601 et une sentence d'un baillage d'Évreux, 14
août 1767, confirmé par un arrêt du Parlement de Rouen
qui condamne à dix livres d'amende un médecin pour
violation de secret

Cependant un édit de Louis XIV, de 1666, avait
dérogé à cette règle en ordonnant, dans un intérêt de
police générale, aux chirurgiens de visiter les blessés
qu'ils auraient pansés. Nous trouvons cette disposition
plusieurs fois reproduite, notamment dans un arrêt de

(1) Vinnius, in Inst. lib. IV, t. 3, § 17.
(2) V. Merlin, V° Chirurgien, § 2.

règlement du Parlement de Paris, du 27 juin 1727, déjà cité; où il est dit « Enjoint à tous les maîtres chirurgiens d'avertir le commissaire du quartier, des blessés qu'ils auront pansés aussitôt après le premier appareil, à peine de 500 livres d'amende et de punition corporelle en cas de récidive (1). »

(3) Denisart, V° Chirurgie.

DEUXIÈME PARTIE

DES MÉDECINS

DANS LE DROIT ACTUEL

I

De l'exercice de la Médecine

> « Plus cet art est intéressant dans l'ordre social , plus le gouvernement doit avoir attention qu'il ne soit exercé que par ceux qui sont en état de s'en acquitter dignement. »
>
> (MERLIN.)

CHAPITRE I.

Des conditions requises pour l'exercice de la Médecine.

La Médecine n'est pas comme les professions ordinaires, comme les industries, laissée à la liberté de chacun. La loi du 19 ventôse an XI détermine les conditions nécessaires pour pouvoir l'exercer. « Cet art salutaire, disait Fourcroy dans son exposé des motifs, intéresse trop la sûreté et la vie des citoyens pour que le Gouvernement n'ait pas cru nécessaire d'en régulariser la pratique. Sans cela l'empirisme le plus dangereux et le charlatanisme le plus déhonté abuseraient partout de la crédulité publique (1). » Ces considérations n'ont pas encore perdu leur valeur après un demi siècle écoulé, et malgré le progrès des idées sur la liberté professionnelle. Si comme le pensent quelques personnes, qui poussent la logique à ses dernières limites, tout homme devait être considéré comme capable et attentif, il faudrait laisser à l'opinion publique le soin de distinguer les savants des ignorants et le véritable médecin du dangereux empirique ; mais il se passera longtemps encore, avant que même la majorité des Français soit arrivée à ce point de culture et de maturité ; et c'est ainsi que se justifieront les mesures qui ont pour objet de fermer l'accès de diverses professions, et surtout de la profession médicale, à ceux qui ne présentent pas des garanties suffisantes de lumières. Il ne s'agit pas, en effet, de dire : laissez faire, laissez chacun exercer la médecine, et vous réprimerez ensuite les fautes par des actions pénales et pécuniaires. Quelque prédilection que l'on ait pour le système répressif à l'exclusion du système préventif, il faut bien s'incliner quand il s'agit de la vie des hommes ; car aucune action ne rendra la vie ou la santé à celui qui les aura laissées entre les mains d'un charlatan ; et d'un autre côté, ne serait-ce pas une véritable dérision que de soutenir qu'un homme ignorant a bien voulu se confier à ce praticien maladroit, et qu'il n'a qu'à s'en prendre à lui-même des maux qui en résultent !

Si certaines conditions ont été imposées à quiconque veut pratiquer l'art de guérir, cependant les médecins ne forment pas une corporation fermée, se recrutant elle-même, comme les avocats ; chaque médecin est libre à l'égard de ses confrères et ne leur doit pas son titre. Un conseil de discipline n'exerce pas de surveillance et ne

---

(1) Exposé des motifs de la loi de ventôse an XI, séance du 7 germinal, an XI.

veille pas au respect de la tradition et de la dignité pro-
fessionnelles. Faut-il en louer les médecins? ou devons-
nous le regretter pour eux? Cette question n'entre pas
dans l'objet de nos études, qui n'embrassent que le droit
positif. Cependant il nous est permis de dire, que chaque
homme la résout suivant la tendance particulière de son
esprit. Ceux qui sont sous l'empire des idées économiques
régnantes pourront voir dans l'organisation des avocats
un reste odieux des maîtrises et jurandes, et féliciteront
les médecins d'échapper au joug. Ceux, qui sont plus
préoccupés de la dignité du corps et de celle de chacun de
ses membres, pourront déplorer, au contraire, qu'il n'y
ait aucun lien entre les médecins d'une même région. Pour
ne citer qu'un exemple, voit-on, parmi les avocats, des
hommes semblables à ces médecins, déshonneurs d'une
si noble profession, qui battent monnaie avec leur titre de
docteurs, à la quatrième page des journaux, les couvrant
d'annonces scandaleuses? Pires en vérité que les marchands
d'orviétan, à qui nous voyons débiter leur boniment et
leurs drogues sur les tréteaux de la foire!

La loi du 19 ventôse an XI (10 mars 1803), relative à
l'exercice de la médecine, a aboli les distinctions anciennes, et ne reconnaît qu'à deux catégories de personnes
le droit d'exercer l'art de guérir : « les docteurs en médecine et en chirurgie gradués dans l'une des trois Facultés
de France, et les officiers de santé (1). A cette condition,
on ajoute celle de l'art. 24, ainsi conçue : « les docteurs ou
officiers de santé seront tenus de présenter, dans le délai
d'un mois après la fixation de leur domicile, les diplômes
qu'ils auront obtenus au greffe du tribunal de première
instance et aux bureaux de la sous-préfecture de l'arron-
dissement dans lequel ils voudront s'établir (2). » Nous ne
savons jusqu'à quel point cette prescription est observée.

---

(1) Art. 2 de la loi de ventôse an XI.
(2) Grenoble, 26 déc. 1828.

De plus, tandis que les docteurs peuvent exercer leur profession dans toutes les communes de l'Empire, art. 28, les officiers de santé, art. 29, ne pourront s'établir que dans le département où ils auront été examinés par le jury, après s'être fait enregistrer, comme il vient d'être dit (1); et, tandis que le docteur peut pratiquer toute espèce d'opérations sans aucune assistance, les officiers de santé ne peuvent pratiquer les *grandes opérations* chirurgicales que sous la surveillance d'un docteur, sous peine d'un recours en indemnité contre l'officier de santé qui aurait enfreint cette disposition de l'art. 29. Il appartient à la médecine légale de déterminer ce que l'on doit entendre par *grandes opérations* chirurgicales. Cette question est en dehors de notre examen, qui doit se borner à la partie juridique et civile de la profession médicale (2).

Telles sont les seules conditions exigées par la loi. On a critiqué cette distinction en deux catégories de personnes appelées à donner leurs soins aux malades; et bien souvent la suppression des officiers de santé a été demandée, par cette raison, que la même science doit toujours être exigée de ceux qui pratiquent l'art de guérir; car toutes les santés sont également précieuses. Le projet de loi de M. de Salvandy en 1847 les supprimait et créait des médecins cantonaux. Assurément, rien n'est plus vrai, mais il n'est pas hors de propos de faire remarquer, qu'il vaut mieux encore dans un village avoir un officier de santé, que de n'avoir personne. Or, si l'on demande absolument le diplôme de docteur, les frais, et le temps qu'il exige, seront hors de proportion avec les ressources de beaucoup de personnes qui se tourneront vers d'autres carrières; et, parce que la loi aura imposé aux petits centres de population l'obligation d'avoir des docteurs, ils n'auront plus personne pour les soigner.

(1) Cass., 9 juillet 1850, cass., 24 mars 1858.
(2) V. Briand et Chaudé, p. 40. Orfila, p. 46 Rouen 29 juin 1845.

Aussi, jusqu'ici la suppression des officiers de santé n'a pas été admise par le pouvoir exécutif. Nous ne croyons pas nous aventurer en disant que le moment serait mal choisi; car nous avons souvent entendu affirmer que le recrutement même des simples officiers de santé devient fort difficile dans les petites localités, parce que, bien qu'elles offrent une grande étendue de pays pour la clientèle, la rénumération est précaire, et insuffisante pour faire vivre une famille. Disons enfin que les idées d'égalité, toujours chères à notre pays, feront déserter de plus en plus ce titre subalterne, sans que le législateur ait besoin de l'abolir.

Il n'est pas nécessaire, comme on le voit, d'être Français pour exercer la médecine; il suffit d'avoir été gradué en France. Mais un grade quelconque obtenu à l'étranger ne permettrait ni à un Français, ni à un étranger d'exercer la médecine en France. En règle générale, le grade de docteur, décerné dans des Universités étrangères, peut faire obtenir, par équivalence, le titre d'officier de santé en France (1). Mais le gouvernement a de plus le droit, s'il le juge convenable, d'accorder à un médecin ou chirurgien étranger la faculté d'exercer la médecine sur le territoire français.

Les auteurs spéciaux (2) font observer qu'on devra se montrer très sobre de pareilles faveurs, parce que le niveau d'instruction n'est pas le même dans tous les pays, et qu'il serait trop commode d'éluder les rigueurs de la loi française, en allant prendre des grades de fantaisie dans des Universités trop complaisantes. C'est à l'administration à s'informer aussi exactement qu'il est possible du degré de force respective.

---

(1) Délib. de la faculté de Paris du 28 févr. 1822, arrêté du 24 Juillet 1840, Décret du 29 août 1854 et arrêté du 25 mars 1857, art. 4 de la loi de vent. an XI.

(2) Trébuchet. Jurisprudence de la médecine.

Les conditions remplies, on est capable d'exercer la médecine ; mais on n'y est point obligé ; et à cet égard c'est une profession libre comme celle de l'avocat. Le médecin n'est point forcé, en thèse générale, de prêter son ministère, soit gratuitement, soit contre le paiement d'honoraires. Si l'humanité, dit Dalloz (1), lui fait un devoir de prêter son secours à ceux qui souffrent, la violation de cette obligation morale ne saurait entraîner l'application d'une peine ; on ne peut assimiler ce refus à celui d'un service public (2).

On s'est aussi demandé si l'autorité municipale avait, en cas d'épidémie, le droit de réquisition à l'égard des médecins, soit en vertu de la loi du 24 août 1790, soit en vertu des articles 471, 475 C. P. Nous pensons qu'on doit le lui refuser. Si l'art. 3 t. 11 de la loi du 24 août 1790 confie à l'autorité municipale le soin de prévenir les accidents, et lui fournit le moyen de faire cesser les calamités, en l'investissant de pouvoirs très étendus, cette puissance illimitée, ne peut, suivant nous, avoir trait qu'au concours matériel des citoyens, mais nullement à cette puissance morale qui constitue l'intelligence de l'homme et sa capacité scientifique ; et nous serions porté à croire que l'art. 475 C. P. ne peut s'appliquer au cas, où un médecin, refuserait de répondre à la réquisition dont il serait l'objet pour l'exercice de sa profession.

Si, en effet, on doit admettre la possibilité d'une pareille action, au cas, où il s'agit d'un refus de concours matériel ; il n'en est plus de même quand il s'agit d'un refus d'assistance, qu'on pourrait qualifier d'intellectuel.

A quel tribunal déférerait-on la poursuite d'un pareil délit ?

D'ailleurs, il faut bien se pénétrer de la nature des exigences de la loi, et admettre qu'elle ne peut demander

(1) Dalloz, Répert. de jurispr. V° médecine, 210.
(2) Cass., 25 fruct. an X.

que des choses possibles. Si , par exemple , elle fait appel
au courage des citoyens pour éteindre un incendie , dis-
puter des victimes à une inondation , et qu'elle rencontre
un refus, on conçoit aisément qu'elle édicte une sanction;
car dans ces hypothèses, elle requiert l'emploi d'une force
qu'elle peut diriger, et dont elle peut surveiller l'exercice.

Mais peut-elle ordonner à un médecin de prescrire
un remède ? Peut-elle lui faire une obligation de guérir
malgré lui? Non, car ce serait comme on l'a dit : « placer
son intelligence sous la pression d'un mandat administratif; porter atteinte à l'indépendance morale de l'homme,
c'est vouloir ce qu'on ne peut ordonner (1). »

Ces motifs nous semblent de nature à repousser l'application de l'art. 475 C. P., et par voie de conséquence
la loi de 1770.

Trouverait-on une raison, de décider, plus sérieuse dans
la loi du 3 mars 1822, sur la police sanitaire? Nous ferons
observer que cette disposition législative a été écrite en
vue de cas heureusement très rares, celui des maladies
pestilentielles, et qu'elle semble, au premier abord, devoir
être restreinte à ce cas. La sanction qu'elle consacre dans
l'art. 12 ne saurait donc être généralisée.

Cet article ne punit que les personnes chargées à un
titre officiel quelconque d'un service de police sanitaire,
il ne concerne donc pas les médecins en général.

Pourrait-on du moins s'appuyer sur l'article 13? Il punit
d'un emprisonnement de 15 jours à 3 mois et d'une amende
de 50 à 500 francs, tout individu qui n'étant pas *officielle-
ment chargé d'un service sanitaire,* aurait refusé d'obéir
à des réquisitions d'urgence pour un semblable service ou
qui, ayant connaissance d'un symptôme de maladie pesti-
lentielle, aurait négligé d'en informer qui de droit. L'article ajoute, si le prévenu de l'un ou de l'autre de ces délits

---

(1) Chauveau et Hélie, théorie du Code Pénal. 2ᵉ éd. VI p. 453. Briand
et Chaudé, p. 17, Cass. 4 Juin 1830, et 18 mars 1855.

est médecin, il sera puni en outre d'une interdiction d'un à cinq ans.

Il y a là une disposition spéciale motivée, comme le dit la loi, par l'urgence et la gravité du danger; mais ce n'est encore qu'une assistance matérielle que l'on exigera ici du médecin, et dont le refus serait punissable. Nous nous associons pleinement aux observations suivantes que nous trouvons dans le journal du Palais (année 1858). « Ce qu'a voulu la loi c'est appeler le médecin, comme tout autre citoyen, à ce concours matériel qui est seul dans le domaine du droit de réquisition, mais auquel la spécialité de sa profession donne nécessairement un plus grand caractère d'utilité. » La loi ne pouvait demander plus.

Du reste le décret du 24 décembre 1850, rendu en exécution de la loi de 1822, vient à l'appui de ces idées en distinguant, entre les membres spéciaux du service sanitaire, et les médecins ordinaires. Les premiers doivent se consacrer aux épidémies d'une manière permanente, les autres ne peuvent être requis que temporairement.

Ainsi cette exception de la loi de 1822, interprétée comme nous l'avons fait, quant à la partie de la réquisition, et restreinte à l'hypothèse spéciale de cette loi, n'infirme en rien notre décision générale, que le médecin est toujours libre de prêter ou non son ministère.

Ajoutons du reste que les traditions d'honneur et de dévouement du corps médical, rendent ces questions plutôt théoriques que pratiques, quoique nous ne voulions pas nier qu'elles aient été soulevées devant les tribunaux. Nous nous souvenons même d'avoir lu, lors de la dernière épidémie cholérique, une longue liste de récompenses décernées par le ministre de l'instruction publique à de simples étudiants des faculté de médecine de Paris et de Montpellier et d'autres écoles, qui étaient allés secourir les malades dans les derniers villages.

Nous n'aurions maintenant qu'à examiner la sanction, c'est-à-dire les pénalités de l'exercice illégal de la méde-

cine, s'il ne fallait auparavant s'expliquer sur certaines
questions controversées, touchant le point de savoir : si
telles ou telles personnes peuvent être diplômées, si
telle profession rentre dans celle de la médecine ou de la
chirurgie.

Et d'abord les femmes peuvent-elles obtenir le diplôme
de médecin? Elles sont admises à étudier un côté de l'art
médical pour devenir sages-femmes (1). Il est vrai qu'elles
ne peuvent employer les instruments dans les accouchements sans appeler un docteur (2). Mais pourraient-elles
pousser plus loin leurs études, et aspirer au grade de
docteur?

M. Dalloz répond négativement à cette question. « Une
femme peut-elle exercer légalement la médecine; en d'autres termes, une femme peut-elle se faire recevoir docteur
en médecine? Non, et cependant, dans tous les temps, les
femmes, par la douceur de leurs soins et la délicatesse de
leurs organes, ont été appelées à donner leur secours aux
malades. Au moyen-âge, les femmes n'ignoraient pas l'art
de panser les blessés, et étaient familières avec les remèdes alors en usage. Un arrêt du parlement avait autorisé
une femme à continuer d'exercer son talent dans la guérison des membres disloqués. Mais un arrêt du parlement
de Paris, 19 avril 1755, avait fait défense de recevoir aucune femme dans la profession de chirurgien, à moins que
ce ne fût pour les accouchements. Il en est ainsi aujour-
d'hui, bien que la médecine ne soit pas interdite aux femmes ; la nature des études exigées pour être reçues à cet
art, présente un obstacle moral à ce qu'elles puissent s'y
livrer (3). »

Il est bien vrai, comme le dit l'éminent arrêtiste, que

_____

(1) Art. 30, 31, 52 l, de vent. au XI. Ordonnance du 2 févr. 1823, arrêté du 11 août 1857.

(2) Art. 33.

(3) Dalloz, Rep. de jurispr. V° médecine n° 37.

l'obstacle qui peut arrêter les femmes dans les études médicales est plutôt moral, mais ce n'est pas une raison pour suppléer au silence de la loi, et pour créer une interdiction qu'elle n'édicte pas. Les Facultés des lettres et des sciences admettent les femmes à leurs examens, et leur confèrent des diplômes. Pourquoi en serait-il autrement des Facultés de droit, et de médecine ? Pourquoi une femme ne serait-elle pas médecin à ses risques et périls ? Il n'y a, nous le répétons, aucun motif légal d'exclusion et cela nous suffit. Ne peut-on pas ajouter d'ailleurs, sans parler de l'exemple donné par les pays étrangers, qu'il ne serait pas indifférent pour les femmes de pouvoir se faire soigner par des personnes de leur sexe (1) ?

En ce qui concerne certaines professions qui, sans toucher directement à la médecine, se bornent au traitement de certaines affections — nous voulons parler des occulistes, des orthopédistes, des dentistes — la question mérite d'être examinée.

Quelques auteurs soutiennent que les oculistes ne sont pas astreints au diplôme. Nous ne saurions souscrire à cette manière de voir. La profession de l'oculiste se rattache en effet tout à la fois à la médecine et à la chirurgie; et, puisque par suite de complications fréquentes, le traitement des maladies des organes de la vue nécessite souvent l'application de remèdes tantôt externes, tantôt internes, voire même des opérations chirurgicales particulièrement délicates, il est nécessaire de présenter un ensemble de connaissances justifiées par les diplômes que l'on aura obtenus. C'est en ce sens, du reste, qu'est fixée la jurisprudence de la Cour de Cassation qui ne fait sur ce point que consacrer les principes anciens (2).

Nous devons en dire autant des orthopédistes, c'est-à-

(1) Voir à ce sujet les lignes spirituelles écrites par M. Laboulay, dans son livre de *Paris en Amérique*, 14e édit. p. 31.

(2) Cass., 20 juillet 1833. Paris, 2 octob. 1833, Cass., rej. 14 mars 1839.

dire de ceux qui s'occupent spécialement du redressement de la taille.

La question est résolue en sens divers relativement aux dentistes. Il ne pouvait y avoir d'incertitude dans l'ancienne jurisprudence. Deux dispositions législatives, une de février 1730, l'autre de mai 1768, relatives à l'exercice de la médecine dans la ville de Paris, obligeaient les dentistes à subir un examen spécial. Mais la raison de douter, aujourd'hui, provient de l'abrogation de ces dispositions par la loi de ventôse. Bien des auteurs pensent que pour exercer la profession de dentiste, il faut au moins être officier de santé. D'après eux, l'art du dentiste constitue une des branches de la médecine; de plus, on se trouve en présence de la loi de ventôse an XI, qui, ne distinguant pas, les soumet à l'obligation de se pourvoir du diplôme d'officiers de santé. Bien que cette manière de voir soit aussi celle de l'administration, comme cela résulte d'une lettre de M. Cunin-Gridaine, alors ministre de l'agriculture et du commerce, la jurisprudence ne l'a pas adoptée et nous nous rangerons de son côté. Comme on le fait judicieusement observer, le dentiste, malgré le titre pompeux de professeur de prothèse dentaire dont il s'affuble, a plutôt besoin de dextérité et d'intelligence que de connaissances physiologiques et chirurgicales (1).

----

(1) Marjolin, dict. de la méd. V° Dentiste. Malgaigne, médec. op. p. 93 à 107. crim. ret. 23 fév, 1827, cass. 15 mars 1846, Amiens 26 juin 1846.

CHAPITRE II.

De l'exercice illégal de la Médecine.

Nous devons examiner l'économie des pénalités établies par la loi de l'an XI, en matière d'exercice illégal de la médecine. La sanction se trouve renfermée dans les articles 35 et 36 de cette loi. Art. 35 : « Six mois après la publication de la présente loi, tout individu qui continuerait d'exercer la médecine ou la chirurgie ou de pratiquer l'art des accouchements sans être sur les listes, dont il est parlé aux articles 25, 26 et 31 et sans avoir de diplôme, de certificats ou de lettres de réception, sera poursuivi et condamné à une peine pécuniaire envers les hospices. » Art. 36 : « Ce délit sera dénoncé aux tribunaux de police correctionnelle à la diligence des commissaires du gouvernement près les tribunaux. L'amende pourra être portée jusques à 1,000 fr. pour ceux qui prendraient le titre ou exerceraient la profession de docteurs ; à 500 fr. pour ceux qui se qualifieraient d'officiers de santé, et verraient des malades en cette qualité ; à 100 fr. pour les personnes qui pratiqueraient illicitement l'art des accouchements. L'amende sera double au cas de récidive ; les délinquants pourront, en outre, être condamnés à un emprisonnement qui ne pourra excéder six mois. »

L'art. 35 prononce une amende, qui devra être appliquée toutes les fois qu'on exercera la Médecine sans usurpation de titre, et cependant il n'en fixe pas le taux. L'art. 36 qualifie, au contraire, le délit qui nous occupe de délit correctionnel et en défère la connaissance aux tribunaux correctionnels. En présence de l'omission regrettable de l'art.

35, faut-il dire qu'il n'y a lieu d'infliger aucune amende?
Il est de tradition, que, toutes les fois qu'une loi spéciale prononce une peine sans en fixer la quotité, on doit
s'en rapporter aux règles établies par les principes généraux, qui veulent qu'on prononce une peine qui n'excède
pas le taux des peines de simple police; mais, dans aucun cas, les tribunaux ne pourront se dispenser de prononcer une pénalité. Ce sont ces principes qu'a sanctionnés
la Cour de Paris (1), et la jurisprudence de la Cour de
Cassation est du reste fixée en ce sens (2).

Il faut, en effet, distinguer le cas où la loi prononce une
peine, de celui où elle n'en édicte aucune; car, si dans la
première hypothèse on est tenu d'appliquer une pénalité,
on ne doit pas le faire dans la seconde; et, puisqu'aux termes de l'art. 466, l'amende de simple police varie de 1 fr. à
15 fr., c'est dans ces limites que les juges correctionnels
devront se renfermer.

Dans le cas où l'on a à poursuivre une personne qui exerce
la médecine illégalement, indépendamment de toute usurpation de titre, puisque la peine à prononcer est une peine
de simple police, c'est le juge de simple police qui devrait
l'infliger (3). Le tribunal correctionnel, saisi indûment de
l'affaire, devrait donc se déclarer incompétent, et c'est ce
qu'avait fait le tribunal de Pontoise. Mais, en présence
des termes formels de l'art. 36, qui défère spécialement
la connaissance des affaires de ce genre aux tribunaux
correctionnels, il ne saurait y avoir d'incertitude sur ce
point; et c'est en ce sens qu'a statué la Cour de Cassation (4).

Fixés à cet égard, en présence des décisions de la Cour

---

(1) Paris, 13 nov. 1843.
(2) Cass., 18 mars 1865. — 22 août 1853. — 20 juillet 1853. — 26 janvier 1834. — 30 mars 1839. — 21 juillet 1853. — 19 mars 1857.
(1) Cass., 5 nov. 1831.
(2) Cass., 16 nov. 1864. Cass., 30 avril 1858.

suprême, nous devons nous demander si le tribunal correctionnel, saisi de l'affaire comme nous venons de le voir et en demeure d'appliquer une peine de simple police, juge en dernier ressort? Un arrêt de la Cour de Cassation du 24 janvier 1834, suivi d'un autre arrêt, en date du 18 juillet 1840, semble juger la question dans le sens de l'affirmative. Mais la même Cour est revenue sur sa jurisprudence, et, par deux arrêts en date du 12 mai 1842 et du 21 juillet 1853, a décidé, que la circonstance, que les tribunaux n'avaient à appliquer que des peines de simple police n'influait en rien sur la nature de la prévention, et que le jugement qui interviendrait devrait être attaqué, le cas échéant, par la voie de l'appel, et non par la voie de la Cassation.

Mais c'est surtout, en ce qui touche les questions de prescription, et de récidive, que notre matière présente des difficultés.

En ce qui concerne la prescription, il a été décidé que, puisqu'on se trouvait en face d'une peine de simple police, le fait devrait se prescrire par un délai d'un an et non par un délai de trois ans, comme s'il s'agissait d'une contravention; et qu'on ne devrait pas plus s'attacher à la qualification de délit donnée au fait punissable, qu'au renvoi devant le tribunal correctionnel pour motiver une dérogation aux principes généraux (1).

Mais, quand pourra-t-on appliquer les peines de la récidive pour exercice illégal sans usurpation de titre? Lorsqu'on se trouve en présence d'un crime, les principes admis veulent que la circonstance de la récidive motive une aggravation de peine sans se préoccuper de l'époque à laquelle le crime a été commis et la même chose a lieu pour les délits Que, s'il s'agit de simples contraventions, il faut, pour qu'il y ait récidive, que le fait primitif ait été commis dans l'année, et dans le ressort du

(1) Cass., 30 août 1839, 18 juillet 1840.

tribunal qui a connu du premier fait. Dans quelle catégorie doit-on ranger l'acte mixte, pour ainsi dire, que nous étudions? La Cour de Colmar pensait qu'il fallait appliquer ici les principes de la récidive correctionnelle, mais sa décision a été cassée par la Cour suprême, qui n'a vu là qu'une contravention; et, par suite, il faudrait suivre les règles applicables à la récidive en matière de contraventions (1).

Que faut-il décider par rapport, non plus à la circonstance qui constitue ou non la récidive, mais à la peine que cette circonstance aggravante doit entrainer? L'art. 36 § 2 porte que, en cas de récidive, l'amende devra être portée au double, avec la faculté de prononcer un emprisonnement, qui ne pourra excéder six mois. Cette disposition s'applique-t-elle dans tous les cas, ou doit-elle être restreinte seulement au cas où, au fait de l'exercice illégal de la médecine, se joindrait la circonstance aggravante d'usurpation de titre?

Sur cette difficile question, plusieurs opinions ont été soutenues.

D'après les uns, on devrait appliquer l'art. 36 § 3 à tous les cas de récidive. Dans cette opinion, on devrait toujours porter l'amende à 30 fr., mais on aurait la faculté de ne pas prononcer l'emprisonnement dans tous les cas; et bien des arrêts peuvent être invoqués dans ce sens (2).

Dans un second système, M. Morin voudrait que les tribunaux n'eussent à prononcer que l'amende, portée au double; car, dit-il, on ne peut pas admettre que, même au cas de récidive, on puisse frapper de six mois de prison quelqu'un qui, pour un premier délit, n'aurait encouru qu'une peine de simple police (3).

_____

(1) Cass., 7 juillet 1858.
(2) Douai, 26 sept. 1834. Paris, 14 janv. 1836. Lyon, 26 sept. 1859.
(3) Morin, art. de juris. Journal du Droit criminel, Vo Art de guérir.

Dans une troisième manière de voir, on admet que le § 3 de l'art. 36 ne peut s'appliquer qu'à l'exercice illégal non accompagné de circonstance aggravante, et que c'est l'article 35, combiné avec les principes généraux, qui pourrait seul donner la mesure de la pénalité à appliquer. On déciderait, en laissant de côté l'art. 36 pour s'en référer uniquement aux articles 482 et 483 Code pénal, qu'on devrait ne prononcer qu'une amende qui ne pourrait dépasser 15 fr., et un emprisonnement de cinq jours, sauf le cas de circonstances atténuantes (1). Mais on peut faire un reproche à ce système. L'art. 482 Code pénal, dont on fait l'application, n'a été fait qu'en vue de certaines contraventions, comme le prouvent les termes de l'article lui-même; et il y a quelque chose d'arbitraire à généraliser son application.

C'est en se fondant sur cette remarque que la Cour de Rennes, repoussant la solution précédente, a consacré un quatrième système, en vertu duquel on admet, que l'art. 36 ne s'applique qu'au cas d'usurpation de titre, que l'art. 35 prévoit seul le fait d'exercice illégal. Puisque cette disposition ne s'occupe pas de la récidive, on se trouve en présence d'une lacune regrettable, sans doute, mais qu'il n'appartient pas au juge de combler. La récidive ne sera pas punie plus sévèrement que le fait lui-même.

La Cour de Cassation a admis le principe de la Cour de Rennes, mais, voulant atteindre plus sévèrement le récidiviste, elle a admis un cinquième système. A ses yeux, l'article 36 § 3 ne s'occupe que de l'exercice illégal avec usurpation de titre, comme l'a admis la Cour de Rennes. Mais il est certain que le § 1er de l'art. 36 s'occupe, dans tous les cas, d'exercice illégal, et, dès lors, on est fondé à admettre que le § 3 de la même disposition ne peut pas avoir une portée plus restrictive que le premier. L'aggravation de peine qu'il consacre doit donc s'appliquer au cas de ré-

---

(1) Cass. 28 mai 1825, 9 nov. 1843. Orléans, 22 fév. 1846.

cidive ; seulement, l'exercice illégal est puni comme le serait une simple contravention, il faut, tout en appliquant
l'art. 36, se renfermer dans les limites prescrites par les
art. 465 et 466 Code pénal , Ainsi que, en prenant pour
base une peine de simple police, on la portera au double comme l'art. 36 le prescrit pour un fait analogue ; ce
qui conduit à la nécessité d'appliquer la peine de 15 fr.,
et laisse la faculté de prononcer un emprisonnement de
cinq jours (1). La Cour de Toulouse a adopté cette jurisprudence (2), qui nous paraît concilier toutes les exigences,
bien qu'elle ne soit pas à l'abri de toute critique juridique (3).

Le principe du non-cumul des peines s'applique-t-il à
l'exercice illégal de la médecine ? On sait que l'art. 365 C.
Inst. Crim. dispose, qu'en cas de poursuite, soit simultanée,
soit successive, pour plusieurs crimes et délits commis avant
aucune condamnation, la peine la plus forte sera seule
prononcée. On a beaucoup discuté sur le point de savoir, si
cette disposition doit s'appliquer aux contraventions ; et
après des oscillations de jurisprudence, la Cour de Cassation a décidé qu'on devait, en matière de contraventions,
prononcer autant de peines qu'il y a d'infractions commises (4). Elle se fonde sur le texte même de l'art. 365, qui
ne vise que les crimes et les délits, et aussi sur l'impunité
qu'entraînerait l'opinion contraire ; le contrevenant aurait,
en effet, intérêt à multiplier les contraventions, puisque vu
la modicité de la peine, il y aurait en somme un bénéfice
pour lui. En ce sens la Cour de Cassation a même jugé,
que l'individu accusé d'escroquerie et d'exercice illégal

(1) Cass. 9 juillet 1855.
(2) Toulouse, 14 nov. 1854.
(3) Briand et Chaudé, p. 861. Cass., 18 août 1860.
(4) Cass., 18 août 1860.

de la médecine devait être puni de deux peines distinctes (1).

Le délit d'exercice illégal admet-il la possibilité de la
complicité, quand on se trouve en dehors de toute usurpation de titre?

La difficulté vient de ce qu'aux termes de l'art. 59 C. P.,
il ne peut y avoir complicité que pour les crimes et les délits. Or nous avons traité l'exercice illégal comme une
simple contravention, malgré le mot *délit* employé par la
loi de ventôse antérieure au Code pénal, et notamment
nous n'avons pas admis le principe du non-cumul des peines;
donc le complice, médecin ou non, ne paraît pas pouvoir
être poursuivi. D'un autre côté, il serait déplorable de
laisser impunis les médecins et officiers de santé qui prê-
tent leur nom à des rebouteurs, font des traités avec eux,
et s'associent à leurs bénifices; aussi la jurisprudence a-t-
elle souvent admis de pareilles poursuites. Ainsi la Cour de
Cassation, par arrêt du 25 avril 1857, s'exprime ainsi :
« Attendu que les conditions d'étude et de diplôme imposées aux médecins constituent des garanties exigées dans
l'intérêt de la santé publique et des précautions prises, à la
fois, contre l'ignorance du praticien et contre la crédulité
du malade, quelles doivent donc se rencontrer dans la personne même de celui qui pratique de fait l'art de guérir:
qu'il ne suffit pas que celui-ci, lorsqu'il est dépourvu de diplôme, place son exercice personnel sous la responsabilité
d'un docteur ou d'un officier de santé pour la légaliser;
mais qu'il faut toujours que ce soit lui en définitive qui juge
et prescrive, qu'il ne peut s'abdiquer lui-même et se borner à couvrir de son nom la pratique médicale d'un tiers
au moyen d'approbations données de complaisance et sans
examen, et moins encore par des blancs-seings confiés à l'a-
vance; qu'un pareil mode de procéder aurait pour résultat
d'autoriser un médecin légalement reçu à se substituer qui

(1) Cass., 12 déc. 1861.

bon lui semblerait, au grand danger de la santé publique
et d'éluder de fait les sages prohibitions de la loi, que la
Cour de Limoges, en prononçant l'acquittement des trois
prévenus, à violé l'art. 36. — Casse. »

Cependant, il nous semble, que le tribunal de Lyon était
plus dans le vrai lorsque, se fondant, comme nous le fai-
sions tout à l'heure, sur les principes généraux de la matière, il déclarait un pareil fait non punissable bien que
constituant : « de la part du médecin l'oubli le plus com-
plet de sa profession, et un abandon regrettable de la dignité que le titre honorable de docteur en médecine devait
lui faire conserver (1). »

Faudra-t-il donc se résigner à laisser de pareils faits impunis? Assurément non, et la solution est facile à trouver
par la distinction entre les coauteurs et les complices. Si
cette criminalité d'emprunt, qu'on appelle complicité, n'a
pas été jugée suffisante pour mériter d'être punie en matière de contravention, rien ne s'oppose à ce que plusieurs
auteurs ayant également participé à une pareille infraction
soient punis chacun par une peine distincte; or, le médecin
qui assiste un rebouteur, un magnétiseur ou un somnambule, sans participer lui-même au traitement, peut fort
bien être considéré comme coauteur de la contravention,
puisqu'il signe l'ordonnance, qui est presque comme le
corps du délit. La jurisprudence paraît incliner avec raison vers cette manière de voir. Nous citerons l'espèce suivante : Clovis Surville et *Anonith*, magnétisaient une
fille, Elisabeth Surville, somnambule, qui indiquait les
maladies et les remèdes. Depoux, officier de santé, écrivait et signait les ordonnances; la Cour de Toulouse par
arrêt du 12 août 1859, considérant Depoux comme complice le renvoya de la poursuite, mais son arrêt fût cassé
par la Cour de Cassation. « Attendu que, s'il est vrai en
principe, qu'en matière de contravention, la complicité

---

(1) Tribunal de Lyon, 9 mars 1859. Gazette des tribun., 17 mars 1859.

n'est pas admise, rien ne fait obstacle à ce que les tribunaux puissent rechercher si la contravention n'était pas
de nature à être commise simultanément, que, dans les actes de complicité, on a toujours distingué ceux qui, ex-
trinsèques à l'acte, tendent à préparer et à réaliser la con-
sommation, et ceux, qui, par la simultanéité d'action et
l'assistance réciproque, constituent la perpétration même :
que, lorsque ces derniers ont été commis, il existe bien
moins des complices que des coauteurs ; qu'en cessant de
considérer Depoux comme complice, il y aurait encore à
rechercher, s'il ne devait pas être réputé coauteur de la
contravention, qu'à cet égard, toutes les constatations de
l'arrêt établissent que le fait incriminé à été l'œuvre commune et simultanée des inculpés ; qu'on objecterait en vain
que celui qui est revêtu du titre d'officier de santé ne peut
être considéré comme coauteur d'un délit qui consiste à
avoir exercé la médecine sans titre, qu'en effet le diplôme
ne donne à l'officier de santé que le droit d'exercer par lui-
même d'après son propre examen et son contrôle, que s'il
ne juge, ni ne prescrit, si, comme le reconnait l'arrêt, il
abdique complètement, si sa présence n'est plus qu'un ar-
tifice, et s'il se borne à couvrir de son nom et de sa signa-
ture la pratique illégale d'un tiers, il devient par une participation solidaire le coopérateur de celui-ci et l'un des
auteurs de la violation de la loi, qu'en refusant d'appliquer
à Depoux l'art. 35, et en renvoyant de la poursuite,
l'arrêt a violé cet article et faussement interprété les
art. 59 et 60 C. P. — Casse l'arrêt de la Cour de Toulouse (1).

La bonne foi pourrait-elle être admise, de la
part de celui qui aura sans avoir qualité pour cela pris
part à un acte qui présentera un caractère médical ?
Non, d'après la jurisprudence de la Cour de Cassation (2).

---

(1) Cass., 17 déc. 1859. V. Cass., 6 mars. 1862.
(2) Cass. 19 fév. 1807, cass. 1 mai 1854.

Que faudrait-il décider, si on se trouvait en présence de qu'elqu'un qui serait poursuivi pour avoir donné des soins à des personnes nécessiteuses dans un esprit purement philanthropique et sans exiger d'honoraires? La gratuité des soins ne saurait à nos yeux servir d'excuse (1). Le plus grand philanthrope peut être un parfait ignorant, et, dans l'intérêt de l'humanité, on doit empêcher quelqu'un de tuer son semblable, bien qu'il soit animé des plus charitables intentions. Ce n'est pas en effet la cupidité que veut réprimer la loi, c'est le manque de science qu'elle veut atteindre (2). Cependant dans cet ordre d'idées, il ne faut pas aller trop loin non plus, et frapper d'une pénalité injuste les personnes charitables, qui, à la campagne, tiennent au service des indigents quelques remèdes, qui peuvent être d'un très grand secours dans des temps d'épidémie, ou qui auraient donné quelques conseils à des malades privés de toute assistance (3). Frapper de tels actes serait se renfermer dans une interprétation par trop judaïque et faire violence aux plus charitables inspirations. C'est du reste ce qui ressort d'un avis du conseil d'Etat de ventôse an XI (4).

Il s'est élevé des difficultés sur la question de savoir si le magnétiseur, le somnambule qui, de bonne foi, se met tout au service du malade, peuvent être considérés comme faisant de la médecine illégale. Il faudrait, pour juger les conséquences de leurs actes, savoir s'ils peuvent avoir quelque effet. Comme, sur ce point, il règne la plus grande incertitude, il nous paraît difficile d'introduire une action qui pourrait ne reposer sur aucun fondement (5). Bien que des

---

(1) Crim. cass. 1 mars 1851.

(2) Briand et Chaudé p. 837.

(3) C'est ainsi que beaucoup de prêtres et de religieuses se rendent utiles sans dommage pour personne. On voit même, dans certaines villes, des sœurs de charité faire gratuitement de petits pansements de plaies extérieures, de panaris, etc., sans être inquiétées par les médecins.

(4) Cass. 14 août 1763.

(5) Trébuchet jurispr. de la méd. p. 508.

exemples de cures merveilleuses, en apparence, soient, par le fait, des cas d'impunité, nous hésiterions donc sur ce point à admettre la doctrine de la Cour de cassation, qui a considéré de pareils actes comme constituant l'exercice illégal de la médecine (1). On peut bien, ce semble, laisser à certaines personnes leurs innocentes illusions, car si on peut attribuer des cures merveilleuses à de pareils moyens, on ne pourra jamais prouver qu'ils aient produit de graves inconvénients; peut-être, au fond, ne serait-il pas téméraire de dire qu'ils n'ont produit aucun effet. Mais nous comprendrions une action judiciaire dès qu'il s'agirait de réprimer la spéculation ou l'escroquerie. Seulement la jurisprudence reconnaît avec raison que l'annonce et l'emploi du magnétisme animal comme moyen curatif, ne suffisent pas pour constituer l'escroquerie. Le juge devra donc rechercher, en dehors de ces faits, les actes qui constituent les manœuvres frauduleuses. On constatera, par exemple, que les manœuvres tendaient à persuader l'existence d'un pouvoir imaginaire, que dans l'espèce le sommeil était faux et simulé, etc. (2). Les Cours impériales reconnaîtront souverainement l'existence de ces faits et leur décision échappera à la censure de la Cour suprême.

Que dirions-nous d'un médecin qui traiterait lui-même un malade par l'emploi du magnétisme? Le tribunal de la Seine, 1er février 1845 a admis, dans une pareille hypothèse, l'action du médecin en paiement d'honoraires.

L'exercice du magnétisme ne peut être poursuivi devant le tribunal de simple police par l'application de l'art. 479 § 7, qui frappe d'une amende de 1 à 15 francs les gens qui font métier de deviner et de pronostiquer, ou d'expliquer les songes. Le tribunal correctionnel de la Seine a admis l'af-

---

(1) Crim. Cass. 24 déc. 1851, Cass. 18 août 1860, Toulouse 9 juillet 1857.

(2) Cass. 22 août 1860 12 déc. 1861.

firmative, en date du 7 décembre 1852 (1). Mais il nous paraît bien difficile d'appliquer l'art. 179 C. Pén. à ceux qui exercent la médecine à l'aide du magnétisme, parce que le magnétisme se confond ici avec le fait d'exercice de la médecine; il n'est que le moyen. C'est donc cet exercice illégal qui peut être poursuivi et puni, s'il y a lieu. Or nous avons dit qu'en général, et, sauf ces cas d'escroquerie, il n'y a pas d'exercice illégal de la médecine (2).

Du reste l'escroquerie pourrait également être commise par un médecin, et quand bien même il s'agirait de l'emploi d'autres modes de traitement que le magnétisme (3).

Il nous reste à examiner le cas, où, au fait de l'exercice illégal, se joint l'usurpation de titre. C'est l'hypothèse prévue par l'art. 30 de la loi de ventôse. Nous verrons là un véritable délit, qu'il importait d'atteindre en égard aux conséquences qu'il peut entraîner, et auquel on appliquera les règles du Droit criminel (1).

L'officier de santé peut encore tomber sous le coup d'une peine toutes les fois qu'il usurpe le titre de docteur, ou qu'il n'exerce pas dans son département. Car il trompe, en prenant le titre de docteur, la confiance des malades, et quelques personnes ont pensé qu'il encourait la sanction de l'art. 36, lorsqu'il prendrait le titre de docteur sans pour cela sortir du cercle d'opérations qui lui est tracé par la loi. Mais cette solution est trop sévère; car en édictant l'art. 30, la loi avait en vue d'atteindre celui qui, sans connaissance et sans caractère légal, s'ingérait dans le soin des malades. Il ne saurait s'appliquer à l'officier de santé qui peut justifier de connaissances médicales suffisantes, alors, surtout, qu'il n'y a aucune disposition

(1) Droit des 8 oct. 5 déc. 1852.
(2) Trib. corr. de Rouen 17 déc. 1849.
(3) Cass. 31 mars 1831-3 nov. 1855. Paris 11 fév. 1860 affaire du docteur Vriès, dit le docteur Noër.
(4) Cass. 5 mai 1866.

dans la loi qui autorise une assimilation que rien ne justifie. C'est du reste ce qu'à décidé la jurisprudence (1).

Quelquefois l'officier de santé, pour dissimuler le peu d'importance de son titre, prend celui de médecin, et nous pensons qu'on ne peut voir là une usurpation de titre. Quoique d'un ordre inférieur, l'officier de santé n'est pas moins médecin (2).

Enfin le médecin étranger qui, sans autorisation, exercerait sa profession en France, rentrerait sans aucun doute sous le coup de l'art. 36, § 2, et pourrait être condamné pour exercice illégal de la médecine (3).

Pour terminer sur cette matière, nous devons rechercher à qui appartient le droit de poursuivre ceux qui se sont rendus coupables du fait d'exercice illégal de la médecine. La loi de ventôse nous dit que c'est au procureur impérial. Mais faut-il conclure de la précision de ce texte que le droit de poursuivre appartient au procureur impérial seul? Non, sans doute; le médecin, pourvu du diplôme, serait également reçu à introduire devant la justice une plainte contre la concurrence déloyale d'un empirique (4); et la difficulté d'apprécier l'étendue du tort causé ne serait pas suffisante pour repousser une pareille plainte (5). Un arrêt de la Cour de Lyon du 26 janvier 1859, a reconnu aux médecins de cette ville le droit de se porter partie civile. Mais, sans aller aussi loin que cette décision, qui reconnaît que l'honneur du corps médical suffit pour justifier les poursuites des médecins indépendamment, d'ailleurs, de tout préjudice pécuniaire, on peut décider avec la jurisprudence, que « les médecins d'une ville peuvent se porter collectivement parties civiles; et qu'ils ne peuvent être

---

(1) Cass. 11 juin 1840, Amiens 20 fév. 1863. Cass. 11 juin 1850.

(2) Bordeaux 0 mars 1849.

(3) Cass. 18 oct. 1839.

(4) Paris 4 juin 1820.

(5) Cass. 10 sept. 1852. Cass. ch. reun. 15 juin 1833.

considérés comme ayant agi en corporation , en violation du décret des 14 et 17 juillet 1791, qui les abolit, parce qu'une somme unique de dommages-intérêts leur aurait été accordée, dès que l'arrêt s'est maintenu dans les termes des conclusions prises ; et qu'il n'est pas tenu de faire à chacun une attribution spéciale (1). »

Ainsi, nous reconnaîtrons à tout médecin le droit de se plaindre du préjudice qui lui aurait été causé par suite d'un exercice illégal de la médecine. Mais il faut distinguer la question de savoir, à quel taux s'élèveront les dommages-intérêts, du point de savoir, s'il peut être admis à se plaindre de ce préjudice. Le tort causé peut être très faible ; le juge n'accordera alors que de faibles compensations pécuniaires, mais le droit de se plaindre sera toujours reconnu. Le médecin sera recevable, du moment, qu'il se trouvera en présence d'une concurrence déloyale, quelque minime que soit d'ailleurs le préjudice causé (2).

(1) Cass. 31 mars 1839.

(2) Briand et Chaudé p. 879. V. Gazette des tribunaux, 19 août 1860 et nos des 25 et 26 mars 1861, Amiens, 10 janv. 1865.

II

Des honoraires.

> « Depuis qu'il y a des médecins et
> des malades, la question des hono-
> raires a été toujours un grand sujet
> de débat, surtout après la guérison. »
> (DAREMBERG.)

CHAPITRE I.

Du paiement des honoraires.

Nous n'avons pas à justifier le droit qu'ont les médecins
de réclamer des honoraires pour les visites qu'ils font, les
soins qu'ils donnent et les opérations qu'ils exécutent.
Tout le monde reconnaît qu'aucune réclamation n'est plus
juste. Aussi toutes les législations ont-elles accordé une
action pour en obtenir le paiement. Le Code Napoléon ne
garde pas complètement le silence à cet égard, il consacre
implicitement la manière de voir des législations précédentes, puisqu'il place la créance des médecins au nombre des
créances privilégiées, et qu'il édicte, à leur endroit, une
prescription spéciale.

Quelles bases faudra-t-il prendre pour la fixation de ces honoraires? Dans certains pays, en Belgique, par exemple, il existe des tarifs généraux dressés pour limiter les prétentions exagérées des médecins. Nous n'en avons pas en France. Une pareille fixation paraît impossible. Il est difficile, en effet, de prévoir, à l'avance, la durée du traitement, l'importance des opérations; mais tout le monde reconnaît qu'il appartient aux tribunaux de réprimer également la cupidité des uns, et l'ingratitude des autres. Le juge devra prendre en considération la longueur du traitement, l'importance des opérations, le rang et la fortune du malade, la position plus ou moins éminente de l'homme de l'art, le nombre de visites qu'il aura faites, la distance qu'il aura à parcourir. Car, tel prix peut paraître modique à celui qui l'exige, qui peut être au dessus des moyens de celui qui a à le payer (1). Enfin, des relations amicales entre le malade et le médecin devraient être prises en considération (2).

Il arrive souvent, que le médecin, au lieu d'attendre la fin du traitement, stipule une somme fixe payable au début. L'ancienne jurisprudence n'admettait pas la validité d'une pareille stipulation. C'est aussi l'opinion de Trébuchet (3). On peut craindre, dit-on, que le malade ou la famille dans le but de s'assurer des soins plus zélés, ne se laissent entraîner à une prodigalité justifiée d'ailleurs par la crainte du danger; de telle sorte, qu'on peut considérer la convention comme entachée d'une violence morale, qui la vicie, et qui doit faire annuler le contrat.

Cette manière de voir est trop rigoureuse. Nous validerions donc un pareil contrat, pourvu qu'il fût prouvé par les circonstances que le malade n'a pas été violenté, ou que sa bonne foi n'a pas été surprise. C'est, du reste,

---

(1) Tribunal de la Seine, 4 juillet 1848. Briand et Chaudé p. 57.
(2) Orfila méd. lég. p. 56.
(3) Trébuchet, jurispr. de la médecine p. 239.

l'opinion qui est sanctionnée par la jurisprudence, et c'était aussi l'avis de Domat (1). « Si quelqu'un, dit ce jurisconsulte, sans la probité et l'honneur de la profession de la médecine, exerçant des opérations ou des fonctions de la chirurgie, exigeait du malade ou de ses parents, quelque composition d'une récompense, que le péril les obligerait de lui promettre, il pourrait être justement condamné, non-seulement à la restitution de ces exactions, mais encore aux autres peines que la qualité du fait, et les circonstances pourraient motiver. »

Nous ne verrions non plus rien d'immoral dans la convention, par laquelle un médecin s'engagerait à se consacrer à un malade pendant toute sa vie, ou s'obligerait à l'accompagner dans ses voyages (2).

A plus forte raison, en serait-il de même de l'abonnement que ferait un chef de famille avec un médecin, moyennant un prix fixe, et quels que fussent par la suite le nombre et l'importance des maladies à traiter.

La loi reconnaît, avons-nous dit, la dette d'un malade à l'égard du médecin qui le soigne. On peut se demander, à cette occasion, si une pareille dette pourrait venir en compensation avec une autre? La condition indispensable pour que la compensation soit possible, c'est que la dette soit liquide, c'est-à-dire, que l'on soit fixé sur sa quotité et sur son existence. La créance du médecin remplit-elle ces conditions? C'est une question de fait, car si un procès sérieux s'élève sur sa quotité, elle n'est pas liquide. Si, au contraire, le malade a recours à la chicane pour éviter la compensation, sa mauvaise foi ne l'empêchera pas d'avoir eu lieu, art. 1190. (3)

Quant aux honoraires, qui ne sont pas dus par de simples particuliers, mais qui sont exigibles à raison des

---

(1) Briand et Chaudé, p. 59.
(2) Cass. 2 août 1839.
(3) D. Cass. 5 fév. 1849.

services rendus par le médecin dans des affaires criminelles, nous ne pourrions nous en occuper sans sortir de
notre sujet.

Après avoir constaté la créance du médecin, et par là
même l'obligation du malade, il n'est pas sans intérêt
de rechercher à laquelle des sources des obligations se
rattache celle-ci? Évidemment c'est une des obligations
qui naissent d'un contrat, parce qu'il y a eu convention
entre le débiteur et le créancier. Mais quel est ce contrat?

En droit romain, avons-nous vu, on avait renoncé à
classer, parmi les contrats nommés, celui qui intervient
entre le malade et le médecin, et le préteur connaissait
lui-même de l'affaire sans délivrer d'action. Chez nous,
devons-nous dire qu'il y a louage d'industrie? Mais la
science et les visites des médecins ne sont pas de ces
services mercenaires, qui font d'ordinaire le sujet du contrat de louage? Cette objection perd chaque jour de sa
force, à mesure que le travail est réhabilité sous tous
ses aspects, qu'il mette en œuvre, la force matérielle ou
l'intelligence de l'homme; cependant, pour bien des esprits,
elle subsiste encore. Elle disparaîtrait, du reste, complétement, que le contrat du médecin et du malade ne serait
toujours pas un louage d'industrie; — celui qui appelle
un ouvrier et lui confie une entreprise, s'engage par là
même à lui faire gagner tout son salaire pour toute l'œuvre. L'arrête-t-il au milieu pour un motif quelconque? Il
en a le droit, à la charge de dédommager l'entrepreneur
« de tout ce qu'il aurait pu gagner dans cette entreprise. »
art. 1791. — En un mot, c'est un contrat synallagma-
tique et définitif, qui lie les deux parties. Qui oserait soutenir qu'il en est ainsi dans le cas du médecin? Le malade
cesse d'avoir confiance, et appelle un confrère. Que doit-il
au premier? Le prix des visites faites, et rien au delà. —
Si, d'autre part, le médecin, pour une cause quelconque, ne vient plus soigner le malade, lui désigne un
remplaçant, ou simplement le prévient à temps de se

pourvoir ailleurs, qui dira, qu'il est tenu de dommages-
intérêts? Il faut bien le reconnaître, pour ces services
dont l'appréciation en argent n'est jamais possible d'une
manière exacte, — On apprécie la peine et le travail
extérieurs du médecin et de l'avocat, mais la science, et
le talent, et la réflexion, et le service rendu sont hors de
tout jugement, — il y a, de part et d'autre, une liberté qui
ne peut être enchaînée, et échappe aux règles ordinaires
du contrat de louage. Dira-t-on que le talent d'un peintre
est, aussi, inappréciable, et qu'on ne peut dès-lors fixer
de dommages-intérêts, s'il refuse de faire un portrait? Ce
serait bien mal raisonner : car, ce qu'a promis le peintre,
c'est un tableau, dont la valeur peut se déterminer par
celle des tableaux, qu'il a déjà peints. Quant à cette portion
de lui-même qu'il mettra dans son œuvre, quant au talent
et au génie dépensés, ils sont également inappréciables, et
sur ce point le peintre, comme l'avocat, ou le médecin, n'a
d'autre récompense à attendre que la reconnaissance,
valeur inestimable aussi.

A défaut du contrat de louage, on a essayé de rattacher
l'obligation du malade à l'idée d'un mandat donné par lui
au médecin; et, comme notre Code admet le mandat
salarié, l'objection capitale du Droit romain disparaît.
Mais, outre que l'idée de mandat implique celle de repré-
sentation d'une personne par une autre, idée tout à fait
étrangère au rôle du médecin, comment appliquer à celui-
ci l'art. 1791 : « Le mandataire est tenu d'accomplir le
mandat tant qu'il en demeure chargé, et répond des dommages-intérêts qui pourraient résulter de son inexécution ? » Ce serait incompatible avec la liberté réciproque,
que la force même des choses nous a fait reconnaître aux
deux parties.

Il faut donc se résigner à dire, que le contrat intervenu
entre le malade et le médecin ne peut se ranger sous la
bannière d'aucun des contrats nommés, et réglés spécialement par la loi. Il rentre dans la nombreuse catégorie

des contrats innommés, qui obéissent aux règles générales déposées dans le titre des obligations; sauf à les modifier suivant les données de la tradition, du bon sens et de l'intention commune des parties, qui doit être le premier guide des juges (art. 1134). Suivant qu'on prendra le contrat du côté du médecin ou du côté du malade; suivant qu'on donnera la parole à l'un ou à l'autre, on dira qu'il y a : *facio ut des*, ou bien : *do ut facias*. Je fais des visites pour que vous donniez des honoraires; ou, je donne des honoraires pour que vous fassiez des visites.

Comme appendice à la question des honoraires, nous nous demanderons si un médecin peut céder sa clientèle ? La raison de douter provient, de ce que la confiance seule qu'inspire le médecin — chose, qui ne se trouvant pas dans le commerce, ne peut pas avoir de prix — contribue à augmenter ou diminuer l'étendue de la clientèle. Mais, si cette objection était vraie, on se heurterait aussi bien contre elle dans toutes les ventes d'offices, et cependant, dans ces cas-là, on n'en tient aucun compte. D'ailleurs il faut bien placer la question sous son véritable jour; en achetant une clientèle moyennant une somme déterminée, le médecin n'a pas en vue de succéder au cédant dans le soin des clients de celui-ci, malgré leur volonté. Un pareil contrat serait nul de plein droit; les malades ne sont en rien liés par la convention introduite en dehors de leur volonté; seulement le médecin cédant s'engage à ne plus exercer dans la localité où s'est établi le cessionnaire, et, si l'on veut, à le faire valoir auprès de ses anciens clients. Mais voilà tout, et on comprend que dans cette mesure, la cession qui nous occupe, n'ait rien que de très licite; le cessionnaire augmente ses chances de réussite en se débarrassant d'un rival redoutable, et comme le font observer MM. Briand et Chaudé (1), le cédant, parvenu à l'âge du repos, transmet sa clientèle, et trouve dans le

—————

(1) Briand et Chaudé p. 885.

prix qu'il en reçoit la récompense de toute une vie de labeurs (1).

CHAPITRE II.

Du privilège.

L'art. 2101 n° 3 C. Nap. est ainsi conçu : « Sont privilégiés les frais quelconques de dernière maladie concurremment entre ceux à qui ils sont dus. » Avant de commenter ce texte, on peut présenter cette observation d'ordre, que les derniers mots sont un pléonasme puisque l'art. 2097 avait déjà dit que les priviléges qui sont dans le même rang, sont payés par concurrence. Quant à la cause du privilége, on peut la voir tout à la fois dans l'intérêt du médecin, qui sera plus certain d'être payé, et du malade, qui sera plus certain d'être soigné.

Nous devons maintenant rechercher quelle est, au juste, la créance ainsi placée par la loi immédiatement après celle des frais funéraires. Le médecin aura-t-il privilége seulement dans le cas où le malade sera mort, ou bien, faut-il entendre par la dernière maladie, celle qui a précédé, non pas la mort seulement, mais la faillite ou déconfiture qui amène la vente des biens du débiteur, et met les créanciers en demeure d'exercer leur droit de préférence ? La question est fort débattue entre les auteurs.

On a interrogé les témoins de notre ancienne jurisprudence et il faut bien convenir, qu'au premier abord, ils donnent à penser que le privilége suppose la maladie qui a entraîné la mort. « Nous voyons en droit, dit Brodeau sur Louet, que l'action sur les médicaments a pareil privilége que l'action funéraire, laquelle tient le premier lieu entre les actions personnelles, quelque privilége qu'elles puis-

(1) Lyon, 28 août 1845. Nimes 16 déc. 1847. Paris 19 avril 1850. Paris 7 juillet 1862. Paris 20 avril 1865.

sent avoir; et il cite Balde, et Paul de Castres qui s'exprime ainsi : *Impensa facta in infirmum praefertur cuicunque creditori post tamen funeris impensam* (1). Et ailleurs le même Brodeau : « à l'égard des maladies guéries, l'apoticaire faisant crédit au débiteur, suit sa foi, rentre dans le droit commun et renonce tacitement au privilége ; au lieu que la personne qui a reçu l'assistance n'étant pas au monde pour avoir soin d'une dette si favorable et si charitable, la loi y emploie son office et donne son privilége (2). »

Bacquet, venant de parler des frais funéraires dans le même sens, dit : « Après, selon l'opinion d'aucuns, on ordonne que les médecins, barbiers et apoticaires seront payés de leur salaire, d'avoir pansé et médicamenté le défunt pendant la maladie de laquelle il est décédé, mesme que l'apoticaire sera payé des drogues et médecines qu'il a livrées pendant la dicte maladie, et non durant les précédentes maladies, pareillement les gardes du défunt seront payées (3). »

Si, des pays de Coutumes, nous passons au ressort du parlement de Toulouse, Maynard, dans un chapitre spécial, dit : « pour les autres des précédentes maladies, desquelles le défunt serait relevé et guéri, il ne serait accordé telles prérogatives, mais il faudrait que l'apoticaire fût mis en ordre et rang dans la distribution des deniers, *jure communi aut via ordinariâ*. La raison en peut être prise de ce que le défunt, n'ayant pu payer les médicaments de la maladie dont il serait décédé, et moins l'apoticaire ou celui qui les aurait fournis en faire honnêtement poursuite, ces médicaments, font comme partie des frais funéraires qui suivent, et sont réputés faits et employés *corporis*

(1) Recueil d'aucuns notables arrêts par Louet avec les commentaires de Julien, Brodeau lettre C. 29.

(2) Cité par M. Paul Pont, commentaire traité des priviléges et hypothèques, I. p. 5, n° 76.

(3) Les œuvres de Jean Bacquet, traité des droits de justice, Ch. 21, n° 274-271.

causâ antequam sepeliretur. Et quant aux autres frais des maladies, quand il serait venu en convalescence, et dont ceux qui les avaient fournis pouvaient se payer, ils regardent plus une dépense de maladie et fourniture demeurée en reliquat et reste, et qui par cette considération ne serait pas extraordinairement favorable (1). »

Mourlon fait, il est vrai, remarquer que tous ces jurisconsultes supposent une déconfiture après décès. Leur décision signifierait donc simplement qu'après la mort d'un homme, le médecin ne peut pas réclamer d'honoraires pour une maladie autre que la dernière, et cela afin d'éviter une trop lourde charge aux autres créanciers de la succession, et particulièrement, le concours des frais privilégiés de plusieurs maladies (2). Nous avons rapporté les passages de divers anciens auteurs pour montrer que cette observation est parfaitement exacte, et pour prouver qu'aucun d'eux ne pose véritablement notre question, celle de savoir si le débiteur, étant actuellement vivant, son médecin peut être au nombre des créanciers privilégiés. Mais, quoiqu'en ait pu dire Mourlon, il résulte de ce silence une bien forte présomption que les rédacteurs du Code n'ont eux aussi prévu que l'hypothèse de la déconfiture après décès, et, comme en cette matière, l'interprétation restrictive est obligée, le silence du Code Napoléon suffit pour exclure le privilége du médecin, du vivant du malade.

Dira-t-on que les rédacteurs du Code ont parlé parce qu'ils emploient cette expression de *la dernière maladie ;* au lieu de celle *de dernière maladie,* qui se trouve dans l'art. 385? Nous ne voyons pas, quant à nous, de différence sensible entre ces deux manières de parler, et nous trouvons au contraire, un rapprochement entre ces deux dispositions, puisque, dans chacune, les *frais de dernière*

(1) Notables et singulières questions de droit écrit, par M. Géraud de Maynard, livr. II, ch. 48.

(2) Mourlon, répétititions. III. p. 505.

maladie ou de *la dernière maladie* sont accolés aux frais
funéraires. Si l'art 2101 ne les a pas compris dans la même
phrase, comme l'art. 385, la raison en est éclatante; c'est
que l'art. 2101 établissait une hiérarchie dans les priviléges, ce qui entrainait l'obligation d'un alinéa spécial
pour chaque nature de créance.

Dira-t-on encore qu'il est bizarre de récompenser le
médecin dont le malade est mort, et de laisser sans sûreté
celui qui a eu le bonheur ou le talent de sauver le sien, et
qu'il ne faut jamais placer les hommes entre leur intérêt et
leur devoir? Outre que cette argumentation a quelque chose
d'injurieux pour les médecins, il nous semble que la position est loin d'être la même dans les deux cas ; si le malade est revenu à la santé, l'homme de l'art est protégé par
la reconnaissance de son débiteur. Nous n'entendons pas
exagérer l'influence de ce sentiment, ni même nier l'ingratitude possible; mais il suffit qu'on nous concède, que les
mauvais sentiments sont plus rares que les bons, et qu'en
règle générale l'ancien malade sera porté à s'acquitter. En
cas de mort, au contraire, le médecin apparait comme un
fâcheux, qui vient réclamer à des héritiers en deuil
des honoraires, que son insuccès ne lui fait pas mériter;
de là le privilége.

Mais que devons-nous dire, si le débiteur, atteint mortellement, tombe en faillite ou en déconfiture pendant la maladie? Nous pensons, avec M. Valette, que le privilége doit
être admis conditionnellement pour le cas où le malade
viendrait à succomber (1).

Dans qu'elle mesure les frais de la dernière maladie
seront-ils privilégiés? L'article dit bien que les frais quelconques de dernière maladie seront privilégiés, mais ce
mot n'a trait qu'aux personnes de qui les secours peuvent
venir. D'où il suit que quiconque aura donné des soins,

---

(1) Valette, traité des priv. I. p. 28 29; Grenier II n° 502. Contra Mourlon, III p. 505. Pont, I. n° 77.

n'importe la qualité dont il sera revêtu, jouira de ce privilége à raison des secours qu'il aura fournis. Mais le médecin sera-t-il privilégié, quelque longue qu'ait été la maladie qu'il a traitée? Sur ce point les auteurs ne sont pas d'accord. D'après les uns le privilége embrasse toute maladie, quelle qu'ait été la durée, sans séparation d'époque, sans distinction de période (1). Mais cela paraît exagéré; car on a vu des maladies traîner pendant de longues années, ce qui viendrait léser les droits des autres créanciers. D'après d'autres jurisconsultes, il faut, pour fixer l'étendue du privilége, combiner l'art. 2101 avec l'art. 2272, et, puisque ce dernier article limite à un an le délai des actions du médecin, il suit que le privilége doit protéger la créance du médecin pendant un an (2). Pour que ce critérium puisse trancher la difficulté, il faut d'abord admettre que le point de départ de la prescription n'est pas la fin même de la maladie, et que chaque visite forme une créance spéciale avec sa prescription particulière. Alors, en effet, on pourrait dire que les visites qui remontent à plus d'un an, ne sauraient être couvertes par le privilége, puisque la créance qu'engendrait chacune d'elles est prescrite. Cependant, même en raisonnant ainsi sur la prescription, ce qui nous paraît peu admissible, ce tempérament pourrait être combattu. En effet, cette prescription d'un an est de celles qui admettent la preuve contraire par la délation du serment; et nous nous plaisons à croire que les héritiers ne jureraient pas qu'ils croient à la libération, s'ils savaient que le débiteur n'a jamais payé son médecin pendant la durée de sa maladie. Répondra-t-on que ceci est indifférent aux créanciers puisque l'art. 2225 leur permet d'invoquer la prescription, encore que le débiteur y renonce? Nous ferions observer, alors, que l'art. 2225 ne doit s'appliquer qu'aux prescriptions invincibles, qui éta-

(1) Duranton, XIX n° 54. Troplong, 1. n° 157.
(2) Pont. Traité des priviléges 1. n° 77.

blissent une présomption absolue de libération; il ne dépend pas en effet du débiteur d'abandonner un bénéfice certain aux dépens de ses créanciers. Mais, dans le cas qui nous occupe, il ne peut pas dépendre davantage des créanciers d'imposer un faux serment au débiteur, ou de se soustraire aux conséquences d'une dette ainsi prouvée. On ne peut pas dire que le débiteur renonce à une prescription acquise lorsque, légalement interrogé sur l'existence de la dette, il la reconnaît (1).

Nous préférons dire que le privilége couvrira les frais de la dernière maladie, depuis le moment où elle a pris un caractère grave et inquiétant.

Quant à la nature des dépenses, nous pensons que le privilége les garantit toutes, quelle que soit leur importance, en faisant remarquer toutefois que les dépenses dont il s'agit, seront réellement nécessitées par la maladie. Mais nous n'irions pas, comme certains le soutiennent, jusqu'au point d'admettre que le privilége de l'art. 2101, devrait garantir les dettes contractées pour obtempérer aux caprices du malade et satisfaire ses fantaisies, à condition que ces dépenses ne fussent pas hors de proportion avec la fortune du malade. Cette solution, en outre qu'elle ne se trouve pas dans la loi, laisse trop de place à l'arbitraire des juges pour qu'on puisse l'admettre (2).

---

(1) V. en ce sens, Aubry et Rau sur Zachariæ, 4° édit., III, § 260, n° 56. Valette, I, n° 27.

(2) Pont. I, n° 78. — Contra, Aubry et Rau sur Zachariæ, II, p. 600.

CHAPITRE III.

Du délai de la prescription pour les honoraires.

L'action des médecins, chirurgiens et apothicaires, dit l'art. 2272, pour les visites, opérations et médicaments..... se prescrit par un an. La prescription a lieu, continue l'art. 2274, quoiqu'il y ait eu continuation de livraison, fournitures, services et travaux; elle ne cesse de courir, que lorsqu'il y a eu compte arrêté, cédule ou obligation, ou citation en justice non périmée.

Si le médecin a fait un règlement de compte avec le débiteur, il y a une sorte de novation de sa créance, et la prescription recommencera à partir de ce traité; en sorte que sa nouvelle durée dépendra de la nature du titre. Nous en dirions autant, si le médecin réglait avec les héritiers du débiteur mort; seulement ici nous pensons que le privilége ne serait pas perdu, parce que ce règlement n'implique pas l'*animus novandi*, et la renonciation au privilége. Il n'est qu'une certitude de plus donnée au médecin, ou pour mieux dire, que la liquidation contradictoire de sa créance. Cette espèce est analogue à celle du vendeur qui reçoit des billets de commerce jusqu'à concurrence du prix de vente. Il est de jurisprudence, qu'il ne renonce pas ainsi à son privilége, et que le règlement en billets, n'indique qu'un mode de paiement. Mais, en l'absence de ce règlement, quel est le point de départ de la prescription annale? C'est, en thèse générale, la fin du traitement, et non pas chaque visite comptée pour une créance, ainsi que l'ont pensé certains interprètes (1). Il n'est pas raisonnable, comme nous l'avons

(1) Duranton, XXI, n° 415.

dit plus haut, de considérer chaque visite comme engendrant une créance distincte et isolée, parce qu'il n'est pas ordinaire que le médecin soit payé chaque jour par son malade. On objecte, il est vrai, que la prescription a lieu, quoiqu'il y ait eu continuation de services, ce qui impliquerait, dit-on, que chaque visite est considérée comme un service distinct, et que les visites postérieures n'empêchent pas la prescription des créances pour visites antérieures. En admettant, ce qui pourrait être controversé, que le mot services s'appliquât aux médecins, nous répondrions que ces services ne sont terminés qu'à la guérison du malade. Le sens de l'art. 2274 nous paraît être celui-ci : que la prescription courra pour la dette née d'une maladie antérieure, quand bien même interviendrait une nouvelle maladie soignée par le même médecin et donnant lieu à une nouvelle créance.

Ce point établi, il faut encore nous demander si nous pouvons appliquer notre point de départ à une maladie chronique d'une très longue durée? Nous convenons volontiers, qu'ici la prescription pourrait commencer avant la guérison ou la mort, et qu'il y a une question de fait de l'appréciation des tribunaux, pour savoir, dans les usages établis entre un médecin et son malade, à quel moment devait avoir lieu régulièrement le paiement, et quand a commencé le retard. Ainsi, pour prendre un exemple, nombre de médecins ont coutume d'envoyer à leurs clients leur note d'honoraires de l'année écoulée, pendant le mois de janvier qui suit. Nous ferions alors partir la prescription du mois de février, puisqu'il est probable que le malade, s'il n'eût pas été négligent, aurait payé son médecin dans ce même mois de janvier; mais ceci ne s'applique qu'au cas de maladie chronique dont le traitement est indéfini; car, pour toute autre, la prescription a commencé dès la fin du traitement, et l'envoi de la note n'est pas un acte d'interruption.

APPENDICE.

De l'adoption rémunératoire.

Le médecin qui a sauvé la vie à son malade, peut-il être, de la part de celui-ci, l'objet d'une adoption rémunératoire?

L'art. 345 C. Nap., permet cette adoption envers celui qui aurait sauvé la vie à l'adoptant, soit dans un combat, soit en le retirant des flammes ou des flots. Bien que cette énumération ne soit pas limitative, elle montre cependant l'esprit de la loi, qui est de récompenser le courage de l'adopté, qui s'est soudainement exposé à périr pour l'adoptant. Tel n'est pas le cas du médecin, qui guérit le malade par les moyens de la science, et en général sans exposer sa vie. En conséquence nous répondrons, avec la presque unanimité des auteurs, négativement à la question.

Cependant, il pourrait se trouver des cas particuliers dans lesquels le médecin se serait réellement exposé plutôt, si l'on peut ainsi parler, comme homme, que comme praticien. Nous nous souvenons, par exemple, d'avoir lu qu'un jeune médecin d'un département de l'Est serait mort pour avoir aspiré à dessein l'haleine d'une personne atteinte d'une angine couenneuse, afin de la guérir. Toute autre personne aurait pu avoir le même dévoûment, et nous ne voyons pas, pourquoi, dans un cas pareil, l'adoption rémunératoire du médecin ne serait pas permise.

III

De l'incapacité des médecins à recevoir par donations et testaments.

« La loi, voulant que les donations et les testaments fussent l'ouvrage d'une volonté libre et entière, n'a pas cru, que la libéralité d'un pupille envers ses administrateurs pût porter avec elle le caractère d'une parfaite liberté, qu'elle demande dans tous les actes qui tendent à dépouiller les héritiers. C'est, parce que la raison de l'ordonnance est générale, qu'elle comprend également tous ceux qui peuvent avoir quelque influence sur l'esprit des donateurs. Vos arrêts en ont étendu la disposition aux maîtres, aux médecins, aux confesseurs. Ces principes ne sont ni douteux, ni incertains, ni arbitraires; ils sont écrits dans les ordonnances, dans les coutumes, dans les arrêts. »

(D'Aguesseau.)

L'art. 909 du Code Napoléon édicte à l'encontre des médecins et d'autres personnes, une restriction très importante au droit général de recevoir par donations entre-vifs et par testaments. Les médecins sont déclarés incapables de rien recevoir à titre gratuit de leurs malades, sous certaines conditions. Nous avons trouvé

11

l'origine de cette disposition dans une constitution romaine, et dans notre ancienne législation.

Sur cette importante restriction nous aurons à examiner : 1° le fondement juridique, la nature et les effets de cette incapacité ; 2° quelques unes des personnes auxquelles elle s'applique ; 3° les conditions qu'elle requiert pour son application ; 4° quelles libéralités rentrent dans la prohibition ; 5° les exceptions quelle comporte ; 6° la combinaison de l'art. 911 et de l'art. 909.

CHAPITRE I.

Fondement juridique, nature et effets de la présomption de l'art. 909.

Ce ne peut être sans de puissants motifs, que la loi a prononcé une sanction aussi grave que la nullité d'un testament ou d'une donation. En ce qui touche les médecins gratifiés par leurs malades sous de certaines conditions, la rigueur de la loi nous est révélée par les précédents historiques ; on craint l'influence exercée par le médecin sur celui qui attend de lui la santé. On a peur qu'il ne l'achète, ou ne croie l'acheter par des libéralités, qu'il ne ferait pas sans cette considération toute puissante. En d'autres termes, on craint la captation. Peut-être, dira-t-on, que cette explication n'est pas sans quelque injure à l'endroit des médecins et des ministres du culte, qui leur sont assimilés, et, qu'il est étrange de mettre en suspicion tout un ensemble honorable de citoyens pour la plupart, dévoués à leurs devoirs, à cause de la possibilité de quelques abus d'influence. Mais il est facile de répondre que la loi se défie encore plus du malade que du médecin. C'est l'entraînement, sans aucun acte blâmable de l'homme de l'art qui est surtout à redouter et que rien ne peut prévenir, ni, ce qui est plus grave, manifester peut-être au dehors. Nous avouerons, en effet, que nous ne goûtons guère les consolations données aux médecins par le tribun Jaubert. « Il en coûte sans doute, d'établir une règle générale qui s'exerce sur des professions que nous sommes accoutumés à voir exercer par des hommes si désintéressés, si généreux ; mais ceux là ne se plaindront pas des précautions de la loi, qui ne peut distinguer les individus. » (1) L'auteur de cette phrase oubliait, que, pour pouvoir goûter cette mâle consolation, que son bonheur individuel est sacrifié au bonheur de tous, il faut être en minorité, en infime minorité; le sacrifice exigé de vous par la société est alors légitimé par l'immense majorité, par le nombre de ceux auxquel il doit profiter. Si donc le tribun Jaubert disait vrai, la minorité honnête des médecins serait sacrifiée à la majorité deshonnète. Concluons donc, que l'art. 909, est fondé tout à la fois sur une présomption de captation des médecins, et, surtout, sur une présomption d'insanité d'esprit du malade, non provoqué à la donation ou au testament.

Le fondement de cette présomption étant connu, sa nature est facile à déterminer par la comparaison du texte de l'art. 909, avec celui de l'art. 1352. Nous sommes dans un des cas où la loi, sur le fondement d'une présomption légale, annule certains actes; ces présomptions n'admettent pas la preuve contraire, si elle n'a pas été expressément réservée, et l'art. 909 ne la réserve pas. Impossible donc de prouver contre elle qu'il n'y a ni captation, ni suggestion, que le malade était parfaitement sain d'esprit et qu'il n'a fait que mettre à exécution une idée préconçue, annoncée avant la maladie, etc. M. Troplong, au contraire, serait porté à admettre qu'on devrait être reçu à prouver que l'art. 909 ne serait plus applicable au cas où il résul-

---

(1) Locré, Lég. civ. XI, p. 442, nº 17.

terait de circonstances de fait, que la libéralité serait
justifiée, moins par les soins donnés par le médecin que
par l'existence d'anciennes liaisons amicales entre le donateur et le donataire. Car, comme le dit cet auteur, ce
n'est pas le médecin qui a été gratifié, c'est l'ami et la
prohibition de l'art. 909 n'est plus applicable (1). Mais
l'admission de cette doctrine, fort en faveur d'ailleurs
sous l'ancienne législation, est mise de côté aujour-
d'hui par la majorité des auteurs, car elle tend à faire
disparaître précisément la portée de l'art. 909, qui a
surtout en vue de rendre inutile les débats, que la doctrine de M. Troplong renouvellerait sans cesse. Et la
jurisprudence n'est pas moins unanime, car le seul arrêt
qui ait été invoqué en faveur de ce système perd singulièrement de sa force, lorsqu'on se rend compte de la qualité
des parties qui étaient en cause. Ce n'était pas en effet à
un médecin qui s'adressait la libéralité contestée, mais à
un étudiant qui, à la nouvelle, d'une maladie grave, dont
venait d'être atteint son bienfaiteur, était accouru à son
lit de mort.

Nous ne nous serions pas appesanti autant sur une opinion dont tout le monde a fait justice, bien qu'elle soit
professée par un auteur aussi autorisé, si elle n'avait pas
pris un caractère d'actualité par un procès récent qui s'est
déroulé devant la Cour de Toulouse dans des circonstances
analogues (2), procès qui a été décidé suivant les principes universellement admis. Le testament attaqué était
celui du Père Lacordaire, et, à cette occasion on se demandait, en se fondant sur les idées de M. Troplong, si un testateur à raison de la supériorité de son esprit, était à l'abri
de la captation présumée par l'art. 909? Le testament fut
cassé. M. Bressolles a soutenu qu'il eût dû être validé, mais

(1) Troplong, II, n° 640.
(2) Toulouse, 12 janvier 1864. Bressolles, Revue critique, 1864.

par d'autres motifs. Nous regrettons que le cadre de notre sujet nous interdise de le suivre dans ses déductions.

Ainsi la présomption n'est plus, comme dans l'ancien droit, une présomption simple *juris tantum*, elle est une présomption irréfragable, *juris et de jure*, n'admettant aucun moyen de preuve contraire, pas plus que la prescription ou l'autorité de la chose jugée.

L'innovation du Code est-elle légitime ? Le rapprochement que nous venons de faire, avec la prescription et l'autorité de la chose jugée, paraît bien montrer que non. Pour les dernières il y a un intérêt public de premier ordre, intérêt de la stabilité des fortunes. En est-il de même pour l'incapacité des médecins ? Sans doute, c'est une chose très importante que les dispositions des défunts ne soient respectées que lorsqu'elles sont l'œuvre libre et éclairée de leur auteur, mais on conviendra que cet intérêt touche bien davantage à l'ordre privé, et la preuve, c'est que les romains ont vécu longtemps sans rien de semblable à l'art. 909, et que le Code Italien ne l'a pas reproduite, tandis qu'il n'y a pas de législation sans prescription, ou sans respect de la chose jugée.

Quel a donc pu être le motif des rédacteurs du Code, lorsqu'ils ont, non seulement reproduit, mais encore renforcé la nullité de l'ancienne jurisprudence ? Cela ne peut être que la crainte des procès ou la difficulté de les juger. La présomption suppose, nous le verrons, la mort du disposant. La contestation se produira donc toujours lorsqu'il ne sera plus là pour s'expliquer, et les preuves seront alors incertaines et précaires. Mais, en vérité, que risquait-on à laisser les choses dans l'état ? Présumer la nullité et permettre au médecin de prouver que la présomption ne s'applique pas justement à lui ; et, si les preuves alléguées par le réclamant restaient incertaines, si le juge n'était pas convaincu, le médecin n'aurait pas gagné le procès et la nullité, dans le doute, l'aurait emporté. Dira-t-on qu'il faut laisser le moins possible à l'arbitraire des juges et qu'il

vaut mieux tout prévoir ? Cela est vrai... mais dans la mesure du possible et de la justice; or, elle ne nous paraît,
quoiqu'on ait dit le tribun Jaubert, dépassée ici. Condamner malades et médecins parce que les uns peuvent être
affaiblis d'esprit, et les autres avides, c'est déjà beaucoup.
Mais condamner le médecin sans appel, ni recours à cette
preuve contraire, qu'il se pourrait que le défunt, malade,
n'a pas été faible d'esprit, et que lui-même n'a pas été cu-
pide, cela d'après nous, passe toutes les bornes.

C'est là un de ces procédés sommaires dont il faut mal-
heureusement user quelquefois quand l'intérêt social l'exige
à toute force, mais qu'il ne convenait pas d'employer partout ailleurs.

Du reste nous sommes heureux de pouvoir invoquer, en
faveur de ces considérations, l'autorité de M. Oscar de Vallée, qui dans ses conclusions, comme premier avocat général dans le procès Gramont-Caderousse, s'exprimait ainsi
sur l'innovation de 1804 :

« Est-ce un bien, est-ce un mal ? Ne suffisait-il pas
comme autrefois, d'avertir le juge de surveiller l'influence
du médecin, de détruire les effets abusifs, injustes, d'assurer une protection aux familles en cas d'abus, était-il
juste, était-il tout à fait nécessaire d'interdire au mourant,
dont la vie se prolonge par les soins de son médecin devenu
son ami, de donner ses biens à son ami en l'absence d'héritiers réservataires ? Si j'écrivais un livre, comme M. Troplong, je serais bien tenté de contredire cette loi dans son
excès de réglementation ; je le ferais plus aisément qu'ici,
etc. (1). »

L'effet de cette présomption absolue est de créer tout à
la fois une incapacité de disposer, et une incapacité de recevoir. Le malade est incapable de disposer relativement
au médecin, et le médecin relativement incapable de recevoir par rapport au malade, et cette corrélation se re-

_____

(1) Droit du 7 mars 1867, p. 226.

trouve dans tous les autres cas de nullité relative. On a
cependant discuté sur ce point, et on a prétendu que l'art.
909, en disant que les médecins ne pourront profiter des
dispositions faites en leur faveur, se bornait à édicter contre eux une incapacité passive. Mais, comme en temps ordinaire, et sans les conditions de notre article, le malade
est parfaitement capable de donner au médecin, et celui-
ci de recevoir, il nous paraît impossible de démêler chez
lequel des deux réside uniquement l'incapacité, lorsque les
exigences de l'art. 909 sont réunies. Nous avons même
démontré, en étudiant le fondement de la présomption, que
tous les deux sont suspects, malades et médecins; donc tous
les deux sont incapables. Nous verrons bientôt l'intérêt
pratique de cette décision.

Puisque la présomption de la loi crée une incapacité réciproque, il en naîtra, comme d'habitude, une action en
nullité, soit de la donation, soit du testament entachés de
vice. Cette action appartiendra à toute personne intéressée, c'est-à-dire aux héritiers du malade, et à leurs créanciers conformément à l'art. 1166; ils pourront l'opposer en
tout état de cause, c'est-à-dire, en appel, tout aussi bien
qu'en première instance. Pourrait-on s'en prévaloir pour
la première fois devant la Cour de Cassation? Nous ne le
pensons pas, parce qu'il n'y a pas là un des moyens d'ordre public auquel on ne puisse renoncer. Nous estimons au
contraire, que les intéressés doivent invoquer la nullité,
qu'ils y peuvent renoncer expressément ou tacitement,
par exemple, par l'exécution volontaire faite en connaissance de cause de la donation ou du legs, (art. 1340
Code Nap.). Aussi devrions-nous décider également,
qu'elle ne pourrait être suppléée d'office par le juge.

Cette action, dont nous connaissons maintenant le
demandeur, aura pour défendeur soit le médecin lui-même,
soit ses héritiers, soit même les tiers détenteurs des immeubles donnés ou légués. Le doute ne pourrait exister
qu'à l'égard de ces derniers, qui soutiendraient que l'ac-

tion est personnelle contre le médecin ; mais nous répondrions, que la nullité a empêché le médecin de devenir propriétaire, par conséquent de pouvoir transmettre, et qu'ainsi l'action peut réfléchir contre le tiers détenteur. Du reste, il en est ainsi en matière de réduction, art. 930, et il n'y a aucune raison pour décider autrement.

Si la donation ou le legs sont de choses mobilières, nous avons à peine besoin de dire, que le tiers détenteur sera protégé par l'art. 2279 contre la revendication.

Quant à la durée de l'action en nullité, la loi est restée muette, et, nous devons la rechercher d'après les principes généraux.

S'agit-il d'une donation? Nous ne voyons aucun obstacle à la prescription de dix ans à compter du décès, telle qu'elle est édictée par l'art. 1304 ; car il s'agit ici d'une convention annulable. Le point de départ sera le même en cas de donation d'immeubles, qu'elle ait été ou non transcrite. En effet, ce sont les héritiers ou leurs ayants-cause qui intentent l'action. Ce ne sont pas les tiers, qui auraient reçu postérieurement du défunt et auraient fait transcrire avant le donataire ; car ceux-ci ne jouiraient pas, ce nous semble, de l'action de nullité qui a été établie pour protéger le donateur et sa famille, et non pas d'autres donataires.

S'agit-il d'un testament? L'art. 1304 ne serait pas applicable, vu qu'il est spécial aux conventions, et nous devons dès lors appliquer la prescription ordinaire, celle de trente ans, art. 2262.

CHAPITRE II.

Des personnes auxquelles s'applique l'incapacité de recevoir.

Aux termes de l'art. 909 C. Nap., nous voyons que l'incapacité de recevoir s'applique aux docteurs en médecine ou en chirurgie, aux officiers de santé et aux pharmaciens qui ont traité une personne pendant la maladie dont elle est morte.

Mais faut-il s'en tenir à cette énumération faite par le législateur, ou doit-on l'étendre aux personnes qui sans être revêtues de la qualité de médecin ont donné leurs soins, aux sages-femmes, par exemple?

Dans une première manière de voir, on part de ce principe que la sage-femme étant revêtue d'un diplôme, obtenu après examen, comme l'officier de santé, doit être mise sur le même rang; et, l'on ajoute que leur position auprès des malades est de nature à leur donner tout autant d'influence que les médecins, et, à ce double titre, elles devraient être atteintes de la même incapacité. (1)

Nous pensons au contraire, qu'on ne saurait aller plus loin que le législateur, et qu'on ne devrait pas les ranger parmi les personnes incapables. D'abord le texte est formel; et, comme les incapacités ne se suppléent pas, malgré les plus fortes raisons d'analogie, celle établie par l'art. 909 ne peut s'étendre à d'autres personnes que celles énoncées dans la loi. De plus, il n'est pas vrai de dire que l'accouchement constitue, par lui-même, une maladie telle que

_____

(1) Vazeille, art. 909, n° 10. Marcadé, art. 909.

semble la prévoir l'art. 909. C'est plutôt une crise, qui s'opère ordinairement dans des conditions naturelles, dans laquelle la sage-femme prête son assistance sans cependant ordonner aucun traitement. Si, au contraire, la sage-femme sortait des limites qui lui sont tracées, et, faisait des opérations sans appeler un médecin, comme la loi le lui impose, nous penserions que pour ce fait, elle tomberait sous le coup de l'art. 909. (1)

Quant aux garde-malades, puisqu'elles ne sont pas comprises dans l'art. 909, l'incapacité, qui y est renfermée, ne les atteint pas, et, il n'y a du reste aucun motif pour cela ; car la garde-malade est plutôt un domestique chargé d'un soin spécial. (2)

A plus forte raison, mettrions-nous en dehors des prohibitions de l'article les étudiants en médecine, car ils ne sont pas revètus de la qualité de médecin. Nous en dirons autant du pédicure, du dentiste qui donnent des soins hygiéniques et non médicaux.

Mais, ici, s'élève une question plus délicate, celle de savoir, si ceux là seuls qui ont traité le malade, en vertu d'un diplôme régulier ou d'un titre légal, leur permettant de donner des soins médicaux, tombent sous le coup de l'incapacité, ou si l'on doit considérer ceux qui traitent les malades sans titres et sans droit, comme atteints par la disposition de l'art. 909.

Ceux qui prétendent, que les personnes, qui exercent la médecine sans en avoir le droit, ne doivent pas être considérés comme incapables, argumentent du silence de la loi à leur égard. Le soin, qu'a pris le législateur d'énumérer les divers titres auxquels s'attacherait l'incapacité, doit faire considérer cette énumération comme limitative. Et

(1) Coin-Delisle, art. 909, n° 7. Troplong, II, n° 648. Dalloz, Répertoire, V. Disp. entre-vifs et test., n° 560.

(2) Duranton, VIII, n° 252. Contre, Delvincourt II, p. 293, Montpellier, 31 août 1852.

d'ailleurs, ajoutent les partisans de cette opinion, cette solution n'offre aucun inconvénient, car les juges seront toujours à temps d'admettre, comme base d'une présomption de fait, la circonstance, qui, dans le silence de la loi, ne peut fonder une présomption de droit. (1)

Nous croyons devoir repousser cette opinion. L'art. 909 pose en effet, comme condition de l'incapacité, d'abord, la circonstance qu'on exerce la profession de guérir, et d'autre part, qu'on traite le disposant pendant la maladie dont il est mort. Or, la personne, qui nous occupe, remplit ces deux conditions, elle tombe donc sous le coup de la loi. Mais dit-on, l'énumération, que fait le code, écarte de la présomption celui qui n'est ni médecin, ni officier de santé. Nous répondons : en usurpant une profession qui ne leur appartient pas d'exercer , ils se soumettent par cela même aux prohibitions portées contre ceux qui l'exercent légalement ; qu'importe, en effet, qu'elle n'ait pas de titre, si cette personne a traité le malade comme si elle en avait un. C'est le fait du traitement bien plus que la qualification de médecin qui a été le motif déterminant de la loi. C'était du reste la manière de voir des auteurs du code. Il serait superflu disait M. Jaubert, dans son rapport au tribunat, de remarquer que la loi atteindra, par voie de conséquence nécessaire, tous ceux qui dépourvus d'un titre légal oseraient néanmoins s'ingérer dans les fonctions de l'art de guérir. (2)

Cette doctrine est fort raisonnable ; car l'influence des charlatans ou empiriques sur l'esprit de ceux , qui se confient à leurs soins , est bien plus dangereuse que celle des personnes dont le titre est avoué par la loi. Enfin n'est-il pas rationnel, que la première répression du délit, que commet l'empirique ou le charlatan en usurpant des

(1) Coin-Delisle, art. 909, n° 6.

(2) Locré, Legis civ., VI, p. 112, n° 7. Marcadé, art. 909. Troplong, II, n° 617. Duranton, VIII, n° 251. Aubry et Rau sur Zachariæ, V, p. 156.

fonctions qui ne lui appartiennent pas, doit être d'en accepter les inconvénients et les conséquences légales, puisqu'il en accepte les avantages. *Nemo debet ex delicto suo consequi emolumentum.*

Ce que nous disons des personnes, qui exercent la médecine, s'applique, à plus forte raison, aux magnétiseurs et aux somnambules. Le magnétiseur, en prétendant guérir, n'applique pas de remède, il est vrai ; mais, plus que dans aucun autre, il y a dans le traitement magnétique cette influence sur l'esprit du malade particulièrement dangereuse, contre laquelle le législateur devait réagir pour rendre toute suggestion impossible. Pour le somnambule, il est l'intermédiaire du magnétiseur, ou plutôt il n'est que son instrument. Il paraît impossible de justifier la présomption de la loi à son égard, car il ne traite pas le malade. Mais, s'il ressortait des circonstances que le somnambule n'avait qu'un sommeil simulé, et n'était qu'un compère employé par le magnétiseur pour surprendre la bonne foi du malade, on devrait alors le déclarer incapable aux termes de l'art. 909 ; car, alors, il aurait concouru au traitement de la maladie, à moins qu'on n'aimât mieux le poursuivre pour fraude ou pour dol. (1)

Enfin, pour clore cette énumération, nous ajouterons qu'il faut encore comprendre parmi les incapables les médecins gradués, devant les universités étrangères, qu'ils aient ou non été admis à exercer leur profession en France.

Appliquerons-nous l'incapacité au médecin étranger, recevant d'un malade français, alors que la loi du pays de ce médecin ne renferme pas de disposition semblable à celle de l'art. 909? Certainement, parce que l'incapacité réside chez le malade aussi bien que chez le médecin.

Donnerons-nous la même décision, si le donateur ou le testateur est étranger et le médecin français? Oui encore,

_____

(1) Bayle Mouillard sur Grenier, n° 126, note C.

car l'incapacité réside aussi bien chez le médecin. On pourrait objecter que la loi française ne doit pas protéger l'é-
tranger plus que ne le ferait la loi de son pays, et nous
supposons qu'elle n'édicte pas une pareille incapacité.
Mais on peut répondre, qu'il y a, tout aussi bien dans la
loi, méfiance contre le médecin français que protection du
malade. Les deux sentiments sont combinés et la nullité
résulte, ici, de la présence de l'une au moins des considérations.

Il se pourrait que les deux personnes fussent étrangères, et que leurs lois n'eussent, ni l'une, ni l'autre, rien de
semblable à l'art. 909. En ce cas, et en admettant la compétence d'un tribunal français, toutes les fois qu'il s'agit
par exemple, de donation ou de legs d'immeubles situés en
France, nous serions très embarassés, puisqu'ici la loi
française n'a frappé d'incapacité ni le malade ni le médecin. Comme, d'autre part, nous avons essayé de démontrer,
que cette nullité est fort rigoureuse, nous sommes tenté
de nous prononcer pour la négative. Les héritiers du malade auront donc à prouver la captation, ou la faiblesse
d'esprit, et les tribunaux devront simplement se montrer
moins rigoureux, puisqu'il s'agit de relations entre un
médecin et son malade.

Qu'arriverait-il enfin, si la législation étrangère renfermait une disposition à peu près semblable à la nôtre, sans
être identique; si elle se bornait, par exemple, à défendre
les dispositions universelles ou à titre universel en autori-
sant les dons ou legs particuliers, et que la donation en
question fût justement à titre particulier. D'après nos solutions précédentes, nous appliquerons la loi française,
toutes les fois que l'une des parties sera française, malade
ou médecin, la loi étrangère, si les parties sont toutes les
deux étrangères.

CHAPITRE III.

Des conditions requises pour l'application de l'art. 909.

Ces conditions sont les suivantes; il faut : 1° que les personnes, que nous avons déterminées plus haut, aient traité le disposant; 2° que la disposition ait été faite pendant le cours de la maladie; 3° que le disposant meure de cette maladie; 4° nous aurons à rechercher enfin, s'il faut qu'il y ait coïncidence entre le *traitement* et la disposition.

Nous allons reprendre une à une chacune des exigences de la loi :

1° Il faut un traitement. Le mot lui-même indique suffisamment une série de soins donnés par l'homme de l'art, qui, suivant le mot de Pothier, a entrepris la cure du disposant. Ainsi des visites, même quotidiennes, faites par un médecin au malade, pourraient très bien ne pas constituer le traitement. C'est au juge du fait qu'appartient l'appréciation des circonstances à cet égard (1).

A plus forte raison, le médecin, qui ne serait appelé qu'en consultation, serait à l'abri de l'incapacité (2). Mais que dire de celui qui a traité le malade par correspondance? La réponse à une telle question dépendra, ce nous semble, des faits de la cause et des relations antérieures de ce médecin avec le malade. Si par exemple, ils ne s'étaient jamais vus, ou ne se connaissaient pas, on pourrait ne pas appliquer la présomption, parce que le médecin aurait plutôt traité la maladie que la *personne* malade.

---

(1) Montpellier, 31 août 1852. Cass., 9 avril 1855.

(2) Duranton, VIII, n° 255. Aubry et Rau sur Zachariæ, V, p. 456. Cass. 12 octobre 1842.

2° Il faut qu'il y ait coïncidence entre la disposition et la maladie traitée.

Cette condition va de soi, si l'on réfléchit au double fondement juridique que nous avons assigné à la présomption. Ainsi toute disposition entre vifs ou testamentaire, faite à un médecin par une personne en pleine santé, ne deviendra pas nulle, parce que ce médecin l'aurait soignée plus tard. La question de date sera bien simple en cas de donations, puisqu'elles se font par un acte notarié ayant une date certaine. Mais, s'il s'agit d'un testament, les parties feront bien de recourir à la forme authentique ou mystique ; car, bien que la jurisprudence elle-même admette, que le testament olographe fait par lui-même foi de sa date, cependant la preuve contraire sera, malgré tout, plus facile que dans les autres espèces.

3° Il faut que le disposant meure de la maladie, pour laquelle a eu lieu le traitement.

C'est une question du domaine de la médecine légale, que celle de savoir, si c'est bien la maladie qui a été la cause de la mort, ou, ce qui revient au même, si le défunt était bien mortellement atteint au moment du traitement. On sait, en effet, qu'il y a des maladies chroniques, capables de durer longtemps, en exigeant un traitement pendant toute cette durée ; de même une personne d'un âge très avancé, peut demeurer dans un état grave en s'avançant insensiblement vers la mort. Il est difficile, dans de pareils cas, de fixer le point où commencent la maladie mortelle et l'incapacité. Suivant M. Valette, dont nous adoptons la doctrine, parce qu'il faut restreindre les présomptions, nous devons prendre l'affection chronique dans cette période extrême, où la maladie se rattache à la mort d'une manière immédiate et directe (1).

_____

(1) V. sur ce point un article de M. Bressolles, Revue crit. XIV, p.245. Aubry et Rau sur Zachariæ, V, p. 457. Troplong, II, 646. Cass., 12 janvier 1855.

Il résulte de ce que nous venons de dire, que, si le malade, quoique atteint mortellement, venait à périr par une tout autre cause, le médecin, qui l'aurait traité, serait hors des termes de l'incapacité, et conserverait la donation, ou recueillerait le legs. Nous ne devons pas nous étonner de ce résultat, si bizarre qu'il puisse paraître. C'est le sort de toutes les présomptions légales d'arriver à des conséquences singulières, lorsqu'on les pousse à leurs extrèmes limites.

Puisqu'il faut la mort du malade, la guérison fera cesser la présomption, et ratifiera en quelque sorte la donation ou le testament. Quelle peut être l'idée du législateur? Est-ce que la raison de défiance contre le médecin, ou contre la faiblesse d'esprit du malade, n'existe pas ici, puisque la guérison prouve que le malade n'était pas atteint mortellement? C'est là, sans doute, ce que nous devons conjecturer pour ne pas avoir à adresser au législateur un très grave reproche. En effet, cette disposition n'a aucun inconvénient au cas de testament, puisque le malade, revenu à la santé, pourra révoquer, s'il reconnaît que l'influence du médecin ou de la maladie n'était pas étrangère à la libéralité. Mais pour la donation qui est irrévocable, nous n'avons plus la même ressource. Le donateur sera lié par sa libéralité, bien qu'il s'en repente aujourd'hui, et voie clairement qu'elle a été le fruit de l'intrigue du médecin, ou de sa propre faiblesse.

Pour excuser cette assimilation du législateur entre la donation et le testament, nous ne donnerons pas cette explication banale, que le Code a toujours fait marcher de pair les *dispositions entre vifs ou testamentaires*, là même où on aurait pu et peut-être dû distinguer, comme dans l'art. 909 par exemple. Que pouvons-nous donc dire, dès lors, sinon que la guérison a prouvé que la maladie n'avait point cette gravité qui terrifie le malade, lui enlève ses facultés, le met à la merci de qui le soigne, et finalement sert de base à la présomption? N'eût-il pas

fallu, sans cela, annuler toutes les dispositions entre vifs ou
testamentaires faites au profit d'un médecin pendant une
maladie quelconque, si insignifiante qu'elle ait été ; car,
comment les juges auraient-ils pu discerner, si le moral du
malade avait pu être plus ou moins affecté pendant la crise
qu'il venait de subir ? D'ailleurs, quelle que soit la maladie
à laquelle il vient d'échapper ; que, dans les prévisions ordinaires, elle fût ou ne fût pas mortelle, il aura toujours
la ressource d'attaquer lui-même la donation qu'il a faite,
et, de démontrer qu'il a été capté ou qu'il n'a pas été sain
d'esprit. En un mot, lorsqu'il est guéri, bien que sa disposition ait été faite pendant la maladie au profit du médecin qui le traitait, la loi ne prend pas sa cause en main, et
le laisse dans les conditions ordinaires de l'art. 901 (1).

Malgré ces raisons, dont nous ne méconnaissons pas la
valeur, nous ne croyons pas que les rédacteurs du Code
soient complétement exempts du reproche d'inattention,
en ayant assimilé, ici, la donation entre vifs aux testaments.
Ce qui nous le prouverait, c'est que cette même assimilation existait dans notre ancienne jurisprudence ; et là,
sans aucun inconvénient, les donations faites par un malade à son médecin étaient, par la plupart des coutumes,
considérées comme des dispositions à cause de mort, et,
par conséquent, révocables comme les legs. Quoi de plus
naturel que de penser, que les rédacteurs du Code n'ont
pas pris garde, qu'ils avaient dans l'art. 893 supprimé les
donations à cause de mort, et rendu irrévocables toutes
les donations entre vifs ?...

4° Faut-il qu'il y ait eu coïncidence entre la disposition
et le *traitement* ? En d'autres termes, devons-nous appliquer la présomption, lorsque la disposition a été faite
pendant la maladie, mais avant le traitement, alors que
le malade avait un autre médecin, ou, en sens inverse,

_____

(1) Demolombe, I, n° 527.

12

après le traitement, alors que le malade avait changé de médecin ?

Il faut bien convenir que le texte de l'art. 909 n'exige pas, dans ses termes, de coïncidence entre le traitement et la disposition ; aussi M. Coin-Delisle avait-il décidé que la présomption devait s'appliquer, quoique le traitement fût antérieur à la disposition. M. Demolombe, dans la première édition de son *Traité des Donations*, paraît éprouver un doute sérieux sur l'exactitude de cette doctrine en s'appuyant sur le motif de la loi, qui consiste à voir « dans la disposition, un effet dont le traitement lui-même est la cause ; » or, l'effet ne saurait avoir précédé la cause, et comme, après tout, il s'agit d'une exception à la règle générale de capacité consacrée par l'art. 902, ne serait-il pas plus juridique de ne pas l'étendre à cette hypothèse (1) ?

Cette question a été réveillée de nouveau devant la Cour impériale de Paris, à l'audience du 15 février 1857, dans le procès de Gramont-Caderousse, et elle a fait l'objet d'une plaidoirie spéciale de Me Bétolaud, appuyée sur une consultation de M. Valette, signée également de M. Demolombe. Ici le traitement, affirmait-on, avait cessé au moment de la disposition, et on voulait établir que la véritable cause de l'incapacité, c'est le traitement et que, lui cessant, elle doit cesser. « L'article ne suppose nullement, comme on veut le prétendre, des libéralités que la personne ferait au médecin qu'elle a déjà quitté,

---

(1) Demolombe, Traité des donations, I, nos 625 et 626. M. Demolombe invoque un arrêt de la Cour de cassation du 9 avril 1855 ; mais il ne nous paraît pas probant, parce que, dans l'espèce le testament avait précédé de 4 ans l'époque où la testatrice avait été traitée pour ce mal dont elle était, il est vrai, atteinte au moment de la disposition. N'avons nous pas le droit de dire que la présomption ne s'appliquait pas, tout simplement, parce qu'elle n'était pas, au moment de la disposition, mortellement atteinte dans le sens que nous avons déterminé plus haut ?

— ancien médecin, — ou à ceux dont elle n'a pas encore demandé des soins, — médecins futurs et éventuels. — » Et plus loin : « On ne peut dire que le testament se trouve vicié du moment que le testateur avait de la reconnaissance pour le légataire, qu'il avait le souvenir de ses soins, ou l'espérance des soins qui lui seraient donnés plus tard (1). » On peut, enfin, ajouter que Pothier, sur l'art. 207 de la Coutume d'Orléans, n'a parlé « que des médecins qui gouvernaient le malade, et dans le temps qu'il faisait son testament. » Mais cette thèse a été vigoureusement combattue par M. Oscar de Vallée dans ses conclusions. Nous en détacherons seulement le passage suivant : « Non, la loi n'exige pas ce fait dramatique et spécial du médecin qui tâte le pouls du mourant, pendant que le mourant lui fait une donation ou un testament. Elle regarde deux faits qu'elle détermine, la disposition pendant la dernière maladie, le traitement pendant cette maladie, voilà ses limites. Elle n'en a pas d'autres. Prenez le confesseur, et le sens de la loi devient plus manifeste. On ne l'appelle pas sitôt que le médecin ; admettre à son égard la thèse de la coïncidence, c'est anéantir complètement l'art. 909 » (2). Et, dans les mêmes conclusions, le précédent de l'arrêt Lacordaire fut cité, car il n'y avait pas de coïncidence entre le testament daté du mois de mars, et la confession au P. Mourey, légataire, qui n'avait eu lieu qu'au mois de juin suivant. Il est vrai que la thèse de la coïncidence ne fut pas posée.

Conformément à ces éloquentes conclusions, la Cour rendit un arrêt qui fut prononcé à l'audience du 8 mars 1867 et dont nous détachons les considérants qui suivent :

« Sur le premier moyen :

« Considérant que l'art. 909 établit une présomption légale résultant de deux circonstances, à savoir : la con-

_____

(1) Plaidoirie de Me Betolaud. Droit, du 14 févr. 1867, p. 162.
(2) Droit, du 7 mars 1867, p. 227.

fection du testament, et le traitement donné pendant la dernière maladie;

« Qu'on éluderait la volonté de la loi en ajoutant une troisième condition à celles qu'elle a limitativement édictées.

« Considérant, qu'avant la promulgation de l'art. 909, l'incapacité qu'il établit ne résultait point d'une disposition formelle, que la valeur des legs faits au médecin du testateur était livrée complétement à l'appréciation des tribunaux, lesquels pouvaient alors prendre en considération l'éloignement du médecin au moment de la confection du testament;

« Mais qu'il n'en est point ainsi sous l'empire de la règle posée en l'art. 909, que les conditions établies au dit article se trouvant remplies, le juge est lié et contraint d'annuler les dispositions testamentaires, quels que soient, d'ailleurs, les autres éléments de la cause et les garanties dont ils peuvent entourer l'acte de dernière volonté... etc. (1).

Quelle que soit la faveur de cette concordance, qui tendrait à restreindre la portée d'une disposition, dont nous avons cru devoir critiquer la rigueur, nous pensons que l'art. 909 est trop formel, pour qu'il soit possible de s'écarter de la solution fournie par l'arrêt de la cour de Paris.

M. Demolombe a développé son ancienne opinion dans la nouvelle édition de son traité des donations; mais il n'a pas apporté de nouveaux arguments capables de prévaloir sur le texte de la loi.

(1) Droit, du 9 mars 1867.

CHAPITRE IV.

Des libéralités prohibées par la loi.

L'art. 909 s'exprime en termes généraux à propos de l'incapacité qu'il consacre. De ce qu'il se sert des mots *dispositions entre vifs* et *testamentaires*, il ne faudrait pas se hâter de conclure, que ces termes embrassent tout avantage quelconque, qu'il soit direct ou indirect; et, nous pensons que pour entrer dans l'esprit de la loi, il faudrait borner la prohibition aux legs et aux donations proprement dits.

C'est en partant de cette idée, que la jurisprudence a admis qu'un prêtre, et par conséquent, un médecin, pourrait être investi des fonctions d'exécuteur testamentaire, et qu'il pourrait recevoir, en cette qualité, la rémunération vulgairement connue sous le nom de *diamant*, qui constitue plutôt l'équivalent d'un service qu'une libéralité.

Par application du même principe, nous penserions aussi que le paiement d'une dette naturelle faite par le malade au médecin, durant sa dernière maladie, devrait être maintenu; car, si c'est là un avantage, ce n'est pas cependant une libéralité proprement dite, pourvu, toutefois, qu'on ne démêlât pas à cette occasion une simulation qui permît d'éluder la loi.

Mais la prohibition de l'art. 909 reprendrait toute sa force en présence d'une libéralité faite sous la forme d'une remise de dette.

Quant aux donations dans le sens véritable du mot, qu'elle que soit leur nature, qu'elles se présentent sous la forme de donations réciproques ou d'institutions contractuelles, quelles soient faites sous condition ou à terme, qu'elles présentent enfin le caractère d'un don manuel, il ne saurait y avoir d'incertitude sous le rapport de leur nullité.

Cependant certaines difficultés se sont élevées relativement à la validité de ces dernières, et quelques auteurs, se fondant sur ce que ces donations n'exigent pas de formes solennelles, et sont parfaites par la simple tradition, prétendent qu'elles doivent être isolées des dispositions entre vifs ordinaires. Sans doute, il est bien vrai que le malade aura souvent recours à cette forme commode, pour reconnaître les services qui lui ont été rendus par son médecin. Mais, en dehors de ces circonstances de fait, dont l'appréciation est laissée aux tribunaux — ce qui permet de les maintenir, comme dons rémunératoires, ainsi que nous le verrons plus tard, — il faut répondre qu'on ne doit pas élever ces cas exceptionnels à la hauteur d'un principe. Décider le contraire amènerait à voir, dans la disposition de l'art. 909, une question de forme, au lieu d'une question de capacité, et cette conséquence nécessaire de la doctrine, que nous réfutons, montre le vice, qui empêche qu'on puisse l'adopter.

L'art. 909 s'appliquerait-il à l'espèce suivante ? Un médecin est héritier présomptif de son malade ; celui-ci avait, par testament, institué un légataire universel autre que lui, et pendant la dernière maladie, ce testament est révoqué. Comme l'interprétation doit être stricte, on peut soutenir que l'art. 909 ne s'appliquera pas, parce que le malade n'a pas fait de dispositions en faveur de son médecin ; c'est la loi seule, à laquelle il a laissé suivre son cours. Les légataires universels pourraient cependant, croyons-nous, intenter une action en captation. Car ce testament, bien que ne renfermant pas directement une disposition, en renferme au moins une indirecte.

CHAPITRE V.

Des exceptions au principe de l'incapacité de l'art. 909.

Le principe, consacré par l'art. 909, admet quelques exceptions. Notre disposition, elle-même, en formule deux, elle admet la validité des dispositions dites rémunératoires, et de celles qui seraient faites au médecin parent du malade.

La loi admet la validité des dons rémunératoires. Les proportions peu élevées, qu'ils prennent d'habitude, ne sont pas de nature à léser les droits de la famille. D'un autre côté, on ne pouvait refuser au malade la faculté de satisfaire le besoin si naturel de reconnaître, par certaines largesses, les soins dont il était l'objet, et le dévouement dont on avait fait preuve à son égard (1).

Pour que le legs soit rémunératoire, il n'est pas nécessaire que le testateur ait spécifié, qu'il attache à sa libéralité ce caractère : il faut donc entendre par donations rémunératoires, non pas celles qui seraient ainsi qualifiées, mais celles auxquelles ce caractère, exprimé, ou non, serait reconnu par le juge. Il appartiendra aux tribunaux d'apprécier, si on doit leur reconnaître ce caractère. La loi leur fait un devoir, seulement, de tenir compte des facultés du disposant et d'apprécier l'importance des services sans que cela les oblige à ne pas dépasser le montant des honoraires, qui pourraient être exigés ; car, réduite à ces termes, la libéralité constituerait un paiement, qu'il eût été inutile d'excepter de la prohibition générale (2).

---

(1) Aubry et Rau sur Zachariæ, V, p. 457.
(2) Aubry et Rau, loc. cit. Troplong, II, 657. Cass., 13 août 1844.

Il ne faut pas, en effet, confondre les honoraires avec le don rémunératoire. Les honoraires du médecin constituent envers la succession une dette civile, et n'ont rien de rémunératoire dans le sens de la loi. C'est pourquoi il a été jugé en ce sens, que la remise de la dette qu'un malade fait par testament à un médecin, qui le traite dans sa dernière maladie, constitue un legs rémunératoire excepté de la prohibition de l'art. 909, s'il est fait en retour des prévenances dont le malade est l'objet.

Cependant, certains auteurs paraissent confondre le legs rémunératoire avec les honoraires, et d'après eux, le médecin qui accepterait le legs, ne serait pas fondé à réclamer le montant des honoraires, à moins de réserve spéciale dans le testament (1). Nous ne partageons pas cette manière de voir, et nous pensons que si le malade a voulu faire une véritable libéralité, il y aurait lieu de la maintenir en concours avec les honoraires, par application de l'art. 1023, d'après lequel le legs fait aux créanciers n'est pas censé fait en compensation de la créance. Décider le contraire, serait admettre, que le législateur, dans l'art. 909, ne fait qu'exprimer cette banalité, qu'un médecin conserve ses droits à des honoraires ; ce que le texte n'a pas pu vouloir dire (2).

Du reste, c'est surtout à l'égard de ceux, qui exercent la médecine sans titre, que se présentent les cas de donations rémunératoires ; car les personnes, dont il s'agit, n'ont pas même d'action pour réclamer des honoraires, et cela ne paraît pas contradictoire avec les dispositions sur l'exercice de la médecine, qui atteindraient les personnes qui nous occupent ; car il peut arriver que le mobile de la libéralité trouve une cause suffisante dans la reconnaissance pour

(1) Duranton, VIII, n° 254. Vazeille, art. 909, n° 11.
(2) Bayle Mouillard, p. 127, n° 8. Dalloz, Répertoire, V° Disp. entre-vifs et test, n° 574.

une affection tendre, à laquelle on doit attribuer les soins donnés au testateur dans sa dernière maladie (1).

Nous venons de voir que la disposition rémunératoire doit être proportionnée aux facultés du disposant; pour être admissible, elle doit satisfaire à une seconde condition, il faut qu'elle soit faite à titre particulier. Si la disposition était faite à titre universel, ou qu'elle fût universelle, elle serait nulle et non réductible. Certains auteurs admettraient cependant, même dans ce cas, la possibilité d'une réduction (2).

Mais cette opinion ne tient pas assez de compte des termes de l'article 909, qui dit expressément, que la disposition, pour rentrer dans les termes de l'exception, doit être à titre particulier (3).

D'ailleurs, le fait que la disposition est universelle ou à titre universel, exclut toute idée de legs rémunératoire, et affirme que le testateur a obéi à d'autres intentions; et puis, comment réduire un legs universel à un legs particulier? Ne serait-ce pas changer sa nature en le changeant de classe? Nous admettrions donc la nullité d'une pareille libéralité, quelque modique, d'ailleurs, qu'elle fût.

Le Code admet une deuxième dérogation; toutes les fois que le legs s'adresse à une personne qui, bien que médecin, se trouve avec le défunt dans des rapports de parenté, jusques au quatrième degré inclusivement, pourvu que le disposant n'ait pas d'héritiers en ligne directe; et même, cette dernière restriction cesserait si le donataire était lui-même un de ces héritiers Les cohéritiers ne pourraient demander que la réduction dans le cas où la disposition entamerait la réserve (4).

---

(1) Troplong, II, p. 640.
(2) Troplong, II, p. 638.
(3) Aubry et Rau, V, p. 457. Grenoble, 6 février 1850.
(4) Aubry et Rau sur Zachariæ, V, p. 458.

Cette seconde exception est aussi facile à justifier que la précédente ; elle s'induit des rapports de parenté qui, formant eux-mêmes le titre de la libéralité, permettent de l'attribuer à cette cause, plutôt qu'à l'influence exercée sur le malade par le parent, qui lui donne des soins. Aussi, n'a-t-on plus à se préoccuper du titre auquel se fait la libéralité ; elle sera aussi bien valable, qu'elle soit faite sous la forme d'un legs universel, ou d'un legs particulier. Il suffit que le médecin soit parent au quatrième degré pour qu'il puisse recueillir le legs.

Le texte ne fait pas de distinctions entre la parenté directe et la parenté collatérale, pas plus qu'il n'exige que le médecin soit héritier présomptif du disposant ; mais la circonstance, qu'il y aurait des héritiers en ligne directe, aurait cet effet d'exiger de plus pour que le médecin fût capable de recevoir, qu'il se trouvât alors au nombre des héritiers. En un mot, l'exception faite par la loi dépend du nombre et de la qualité de ceux qui auraient des droits à la succession au moment où elle s'ouvre.

Deux cas pourront alors se présenter. Dans une première hypothèse, on peut supposer que le défunt ne laisse pas d'héritiers en ligne droite ; en ce cas, le médecin, auquel s'adresse une donation, aura qualité pour la recevoir ; alors même, qu'il ne serait que parent collatéral du disposant, et qu'il existerait des parents directs, pourvu qu'ils ne soient pas héritiers du défunt. Si, par exemple, Primus meurt laissant un ascendant et un frère, le frère exclut l'ascendant. Si ce frère était médecin et qu'il eût soigné la personne décédée, la donation que ce dernier aurait faite en sa faveur aurait son plein effet. Que si le défunt laisse des héritiers en ligne droite, le médecin ne pourra hériter de lui, que tout autant qu'il serait lui-même au nombre de ces héritiers. Primus meurt, laissant son père et un fils ; si son père l'a traité comme médecin, il ne pourra néanmoins rien recevoir de lui, si ce n'est à titre rémunératoire. L'existence du fils s'y oppose, car si le père est un parent, il n'est plus son héritier (1).

Cette opinion, qui paraît la plus rationnelle, n'a pas cependant été admise sans contestations; et bien des auteurs veulent que le mot héritier soit, dans l'art. 909, troisième alinéa, synonyme de parent. Aux yeux de ceux qui professent cette doctrine, dans le cas où le défunt laisserait un frère et un aïeul, la présence d'un parent en ligne directe, de l'ascendant dans l'espèce, empêcherait qu'on pût adresser une libéralité à titre universel au frère médecin, qui l'aurait traité dans sa dernière maladie. Mais, dans le cas où le défunt aurait laissé son aïeul et un fils, l'aïeul médecin serait admis par les jurisconsultes, dont nous examinons la doctrine, à recevoir un legs universel, lors même qu'il ait traité le malade; car il se trouverait parent en ligne directe.

Et, pour justifier cette solution, on raisonne ainsi :

Rapprochant l'art. 909 de l'art. 907, on remarque que la première des dispositions est moins rigoureuse que la seconde, puisque celle-ci n'excepte que les ascendants, alors que la première exclut tous les parents jusqu'au quatrième degré : on ne peut pas dès-lors être plus sévère dans l'interprétation de l'art. 909 que dans celle de l'art. 907, sous peine de tomber dans une contradiction. Si les ascendants sont exceptés de la prohibition, aux termes de l'art. 907, en vertu de leur seule qualité, qu'ils soient ou non héritiers, il doit en être de même dans l'art. 909. Donc, dans ce texte, héritier se trouve synonyme de parent. Les deux dispositions, que nous analysons, reposent sur le même fondement; elles ont pour effet d'éviter des suggestions probables; comme elles sont à craindre, que le défunt ait ou non des héritiers; c'est à la qualité de parent qu'il faut s'attacher, et pas à d'autres. De plus,

_____

(1) Marcadé, art. 909, n° 5. Demante, IV, n° 50 bis, VIII. Massé et Vergé sur Zachariæ, III, p. 45. Vazeille, 908, n° 2.

dit-on, le texte de l'art. 909 milite en faveur de cette interprétation, et ces mots : « dans le cas de parenté jusqu'au quatrième degré exclusivement, » qu'il emploie, doivent s'entendre de la parenté collatérale par opposition à la parenté directe, comme le prouvent ces autres expressions : « pourvu toutefois que le défunt n'ait pas d'héritiers en ligne directe, » sans quoi, on tomberait dans un contre-sens; car, si le donataire appartient à la ligne directe, on n'a pas pu dire d'une manière absolue que le décédé ne laissait pas d'héritiers dans cette ligne (1).

Cette opinion est-elle bien juste? On peut d'abord lui reprocher d'être en contradiction avec les termes de la loi. Le mot *héritier* se trouve dans l'art. 909; or, ce mot veut dire que celui, qui a été qualifié ainsi, est appelé à recevoir la succession, il n'est donc pas synonyme de *parent;* ils ont si peu le même sens que le législateur semble avoir opposé dans notre disposition les deux situations qu'ils représentent par l'antithèse qu'il emploie : pourquoi voudrait-on que le législateur se fût servi de deux termes différents pour signifier la même idée? D'ailleurs, dans l'opinion que nous repoussons, comment expliquer l'exception à la règle générale, consacrée par le troisième alinéa de l'art. 909? Qu'est-ce qui s'oppose à ce que, lorsque le défunt a laissé un frère et un aïeul, le cousin qui l'a traité, puisse recevoir une donation? Serait-ce la présence de l'aïeul? Mais on n'a pas à s'en préoccuper, puisque exclu par le frère, il n'est pas héritier. Et cette remarque suffit pour faire tomber l'argument que l'on a voulu tirer du rapprochement des art. 907 et 909. Dans l'art. 907, pour faire cesser l'incapacité du tuteur, le législateur ne s'est attaché qu'à la seule qualité d'ascendant; au contraire, dans l'art. 909, il exige plus que cela, il veut qu'on examine encore quels sont les

_____

(1) Coin Delisle, art. 909, n° 17. Duranton, VIII, n° 256. Aubry et Rau sur Zacharir, V, 438, note 57.

héritiers du défunt. C'est ce qui l'a conduit à s'attacher aussi à la qualité d'héritier dans la personne du parent gratifié, et à exiger, que l'ascendant fût lui-même héritier pour bénéficier de la libéralité, lorsqu'il existait des héritiers directs du défunt. Les hypothèses ne sont donc plus les mêmes.

Le seul reproche, qu'on peut faire à la doctrine que nous adoptons, est celui-ci. C'est que le sort de la disposition adressée au parent qui a traité le défunt, est subordonnée à la composition de la famille au moment du décès. C'est en se plaçant à ce moment, qu'on saura si le défunt laisse des héritiers, et si le médecin donataire peut être compris au nombre des héritiers. Or cela est de nature à paraître peu rationnel; car, en somme, l'incapacité ne reposant que sur une présomption de suggestion qui ne peut s'exercer qu'au moment de la confection de l'acte, il est difficile de s'expliquer comment les événements peuvent modifier cette présomption. On peut répondre qu'il est aisé de comprendre que la loi se soit montrée plus ou moins rigoureuse, suivant qu'il existe ou non des héritiers en ligne directe, et suivant que le donataire est ou non au nombre des héritiers (1).

Enfin, il pourrait se faire que le défunt laissât des héritiers, à la fois, dans la ligne directe et dans la ligne collatérale; alors, il faudrait décider, que la disposition universelle, faite au profit du médecin, ne devrait s'exécuter que proportionnellement sur la part afférant aux collatéraux, et que la part afférant aux héritiers directs resterait intacte; car il est manifeste que c'est dans l'intérêt de ces derniers, surtout, que la loi a restreint la capacité de disposer du défunt à l'égard des médecins.

L'exception établie par l'art. 909 n'est édictée qu'en faveur des parents. Elle ne saurait, en principe, être étendue

_____

(1) Demolombe, Traité des donations, I, nos 535, 536, 537.

aux alliés (1). Mais il en est un qui mérite une faveur
toute spéciale. Nous voulons parler du mari, médecin,
qui a traité sa femme dans la maladie dont elle est
morte. Le mari est admis à recevoir de sa femme une libéralité, fût-elle universelle. Dans le cas qui nous occupe,
l'influence du mari l'emporte sur celle du médecin, et, décider le contraire, conduirait à déclarer que le mari est,
en toute circonstance, incapable de recevoir de sa femme.
Du reste, le législateur a posé des limites équitables à ce
que pourrait avoir d'exagéré l'entrainement de l'amour
conjugal, dans les art. 1094, 1096, 1098; nous croyons
qu'elles suffisent en tout état de cause. Ne vouloir
pas faire d'exception pour le mari serait forcer à se
contredire le législateur, qui oblige les époux, dans l'article 212, à se prêter mutuellement secours et assistance.
Comment le mari, qui aurait prodigué des soins à sa
femme malade, trouverait-il la base d'une incapacité, précisément dans l'accomplissement d'un devoir qui lui est
dicté par la loi, par cela seul qu'il est revêtu de la qualité
de médecin? Ne serait-ce pas le placer dans une alter-
native révoltante, que de l'obliger à délaisser sa femme à
seule fin de conserver ses titres au témoignage de sa reconnaissance et de son amour?

C'est ainsi qu'a décidé la jurisprudence (2). Cependant,
il faut bien remarquer que tous ces arguments ne sont
que des considérations législatives, et qu'il a fallu, pour
arriver à une solution équitable, heurter le texte de l'article 909. Aussi, M. l'avocat général Oscar de Vallée, criti-
quant cet article, disait dans les conclusions auxquelles
nous avons déjà emprunté : « La Cour de Cassation, elle-
même, a laissé percer ce sentiment de contradiction le

_____

(1) Aubry et Rau, V, p. 458. Cass., 12 oct. 1842.

(2) Cass., 30 août 1808. Aubry et Rau, V, 458. Grenier, I, 127. Dalloz,
Rép., V° Disp. entre-vifs et test. n° 578. Marcadé, art. 909. Chardon, du
dol, III, p. 595.

jour, où elle a validé le testament fait par une femme au profit de son mari, médecin, qui l'avait soignée dans sa dernière maladie. Elle a par là introduit une exception nouvelle dans la loi, parce que la loi blessait la raison. Juridiquement, je ne saurais accepter cet arrêt, et je n'en parle que parce qu'il montre l'excès de la loi (1). »

La question devient encore plus délicate, lorsque le médecin n'a épousé sa femme que pendant la maladie dont elle est morte. Deux hypothèses peuvent se présenter, la donation peut avoir été faite par contrat de mariage, ou avant le mariage. Dans le premier cas, il n'y a aucun motif qui doive la faire invalider; car nous ne trouvons dans le Code aucune disposition qui interdise au médecin d'épouser la femme qu'il traite. Le mariage est valable, et les conventions qui en sont la suite conservent leur plein effet (2).

Mais, si la donation est intervenue avant le mariage, il faut décider autrement. En effet, il est évident que, dans une situation semblable, la libéralité est faite dans un moment où le disposant n'était pas capable de la faire, et ce n'est que pour l'avenir que le mariage pourrait faire cesser l'incapacité.

Du reste, la solution, que nous avons donnée sur le premier point, ne s'oppose pas à ce que les tribunaux frappent la donation de nullité, s'il est prouvé, d'après les circonstances, que le médecin n'a épousé la personne malade que pour tourner la prohibition de l'art. 909; comme aussi elle ne ferait pas obstacle à ce qu'ils se fondent sur des preuves de captation ou de suggestion pour invalider les libéralités qui présenteraient ce caractère. C'est la doctrine qui ressort de la jurisprudence. Bien que rationnelle, on peut lui reprocher d'être d'une bien difficile ap-

_____

(1) Droit du 7 mars 1867, p. 256.
(2) Cass., 11 Janv. 1820. Duranton, VIII, n° 258. Troplong, II, n° 643. Dalloz, loc. cit., n° 580.

plication; elle ne tend à rien moins d'ailleurs qu'à substituer le pouvoir arbitraire des tribunaux à la règle inva-
riable qu'a voulu poser la loi. On peut donc dire qu'elle
est contraire à son esprit. Peut-être serait-il plus pratique
de valider la donation, même dans le cas où le mariage du
médecin et de la personne qu'il traite, n'aurait eu lieu que
pendant la dernière maladie, quitte à exclure le cas où le
mariage ne serait contracté que pour échapper à la prohibition de la loi?

Pour terminer ce que nous avons à dire sur cette
question, nous ajouterons que les deux exceptions que
nous venons d'étudier s'appliquent aussi bien à ceux qui
exercent la médecine, même illégalement. L'article 909
est, en effet, indivisible, et rien n'indique qu'on doive le
scinder dans son application.

CHAPITRE VI.

De la combinaison des art. 909 et 911.

Après avoir établi des incapacités de disposer et de recevoir, la loi devait les sanctionner par la nullité même
des dispositions contraires à ses vues, et de plus, elle devait prévoir les fraudes qui ne manqueraient pas d'être
tentées; aussi dit-elle dans l'art. 911 : toute disposition au
profit d'un incapable sera nulle, soit qu'on la déguise sous
la forme d'un contrat, à titre onéreux, soit qu'on la fasse
sous le nom de personnes interposées. Il n'est pas douteux
que cet article soit applicable aux hypothèses d'incapacité
du médecin, parce que le double danger prévu se rencontre
là comme ailleurs.

Ainsi, il sera possible qu'entre le malade et le médecin,
intervienne un acte en apparence à titre onéreux, en réa-
lité à titre gratuit, par exemple, une vente à un prix fixé

sans qu'il soit exigible ; les héritiers auront le droit de prouver, par tous les moyens possibles, les simulations dont ils sont les victimes, et l'incapacité retrouvera son empire, dès qu'il sera manifesté qu'on est véritablement en présence d'une donation ; mais remarquons que ce déguisement, pas plus que toute fraude n'est à présumer ; et c'est à ceux qui s'élèvent contre la qualification apparente de l'opération juridique qu'il appartient d'administrer la preuve.

Nous ne pouvons pas nous empêcher de faire observer combien est fâcheuse, en un sens, la disposition de l'art. 911. Elle a été le fondement le plus solide de cette jurisprudence, qui valide les libéralités déguisées sous le couvert d'un contrat à titre onéreux, alors que la loi exigeant des formes solennelles pour les donations, il paraissait naturel de prononcer dans tous les cas, et, entre toutes personnes, la nullité des libéralités déguisées, à raison même de l'absence de ces formes.

Ainsi encore, voulant que la libéralité échappe à la disposition de l'art. 909, le malade aura pu donner ou léguer à une tierce personne capable, à la condition par elle de transmettre à un médecin incapable. Grace à ce détour, le lien disparait entre les deux personnes incapables, l'une de donner à la seconde, celle-ci de recevoir de la première. Ces fidéicommis, quoique faits verbalement, sont valables si le fidéicommissaire pouvait être gratifié ; mais l'art. 911 devait en prononcer la nullité, lorsqu'il s'adressent à des incapables. Ici encore, la charge de la preuve incombera aux demandeurs en nullité, ils devront démontrer par tous les moyens possibles, témoins ou présomptions, que le gratifié véritable n'est pas celui qui est nommé, mais bien le médecin caché derrière lui.

Mais ici la loi s'est, dans certains cas, chargée elle-même de cette preuve, en présumant, d'une manière invincible, que certaines personnes proches parentes ou alliées de l'incapable sont nécessairement interposées entre le disposant

13

et lui. Ce sont les père et mère, les enfants et descendants, et l'époux de la personne incapable. Tout ce qui leur sera donné directement ou indirectement sera réputé donné ou légué à l'incapable, et traité comme tel. Il n'est pas douteux que ces présomptions d'interposition s'appliquent aux médecins, car une doctrine unanime déclare qu'elles sont faites uniquement pour les cas d'incapacité relative. La loi a encore aggravé la disposition déjà si dure de l'art. 909; car, comme elle ne réserve pas non plus ici la preuve contraire, aucune circonstance de fait, aucune certitude même établissant que la disposition s'adresse bien au gratifié, ne saurait prévaloir contre la nullité imposée à la conscience du juge.

Demandons-nous maintenant, si, du moins, les exceptions reçues par l'art. 909, sont applicables aux personnes interposées? Ainsi, le père ou le descendant est parent du malade à l'un des degrés indiqués par l'art. 909, ou bien, il est au nombre des héritiers en ligne directe; certains commentateurs ont dit que le texte de l'art. 911, suppose le médecin incapable, et ne s'occupe que de lui; c'est la base de sa décision et il admet l'interposition, sans s'occuper de la qualité de la personne interposée par rapport au disposant. Ce serait donc ajouter à son texte.

Mais nous venons de montrer la rigueur de l'art. 911, et nous devons être disposés à admettre tout ce qui pourra la tempérer. N'est-il pas alors conforme à l'esprit de la loi, sinon au texte, d'admettre, que l'incapable indirect et accessoire, si l'on peut ainsi parler, sera relevé toutes les fois que l'incapable direct l'aurait été? Beaucoup d'auteurs sont disposés à admettre ce tempérament, et, à rentrer dans la règle, c'est-à-dire, à ne plus supposer d'interposition, sauf aux héritiers à la prouver; et, on cite certains arrêts favorables à cette doctrine (1).

_____

(1) Amiens, 16 floréal, an XII. Rouen, 23 janv. 1868. Paris, 6 mai 1834. Cass. 21 juillet 1806. Toulouse, 9 déc. 1859. Revue critique 1860, art. de M. Bressolles.

M. Bressolles, dans un savant article inséré dans la *Revue critique*, à même été plus loin; il propose de décider, que la femme du médecin ne doit pas être considérée comme personne interposée, lorsqu'elle se trouve héritière présomptive *ab intestat* du donateur ou testateur hors des degrés désignés dans l'art. 909. Cette solution quelque favorable qu'elle soit, ne nous paraît pas devoir être suivie. Car, si l'on peut admettre pour les personnes interposées, les mêmes immunités que pour le gratifié direct, du moins, n'a-t-on aucun point d'appui pour aller plus loin; or, le médecin serait ici lui-même incapable de recevoir du malade, en admettant qu'il fût dans la situation où se trouve son conjoint donataire; donc celui-ci doit être réputé personne interposée.

IV

De la responsabilité médicale.

Il n'y a pas de droit contre le droit,
et les privilèges de la médecine, si
grands qu'ils soient, ne sauraient
aller jusques à constituer à son profit une sorte de justice exceptionnelle.

(ROYER-COLLARD.)

Un médecin est-il responsable des fautes qu'il commet
dans l'exercice de ses fonctions ?

Sur cette question, bien des opinions divergentes ont été
émises, justifiées, d'ailleurs, par la gravité des intérêts mis
en cause. Elle touche aussi bien, en effet, à la dignité du
corps médical qu'à la sécurité de la société toute entière.

Nous l'examinerons, d'abord, à l'égard des officiers de
santé, et, ensuite, relativement aux docteurs.

CHAPITRE I

De la responsabilité des officiers de santé.

A propos de la responsabilité médicale, la loi française
s'est particulièrement appliquée à fixer les limites de la

sphère d'activité des officiers de santé ; aussi ne rencontrerons nous pas, sur ce point, les graves difficultés, qui nous arrêteront, quand nous nous occuperons des docteurs.

L'art. 29 de la loi du 19 ventôse an XI, est ainsi conçu :
« Les officiers de santé ne peuvent pratiquer les grandes opération chirurgicales que sous la surveillance et l'inspection d'un docteur dans les lieux où celui-ci est établi et, dans le cas d'accidents graves arrivés à la suite d'une opération exécutée hors de la surveillance et de l'inspection d'un docteur, il y aura recours en indemnité contre l'officier de santé qui s'en sera rendu coupable. »

Il est facile de se rendre compte de cette disposition. Les auteurs de la loi de ventôse, en instituant les officiers de santé, avaient pour but de répondre aux besoins de la société en multipliant les secours médicaux dans les petits centres ; mais comme, d'un autre côté, on n'exigeait d'eux qu'une instruction plus restreinte que celle des docteurs ; il était plus sage d'exiger l'intervention de celui-ci toutes les fois qu'il se présentait une opération délicate, une *grande opération*. Si le bagage scientifique de l'officier de santé pouvait suffire dans les cas ordinaires, il était rationnel d'appeler un praticien plus instruit, dès qu'il survenait de plus graves complications.

Toutefois nous penserions que s'il n'existait de docteur qu'à une distance très éloignée, l'officier de santé pourrait, en désespoir de cause, prendre sur lui de tenter une grande opération.

La disposition de la loi de ventôse qui nous occupe n'est revêtue d'ailleurs, il faut bien le reconnaitre, d'aucune sanction ; seulement, lorsque l'opération faite par l'officier de santé au mépris de la loi, aura pris une tournure fâcheuse, la loi consacre au profit du malade ou de sa famille le droit de recourir à une action en dommages-intérêts contre le praticien qui a maladroitement operé. Et cela se conçoit. Si l'opération à bien tourné, sur quelles bases le malade s'appuierait-il pour motiver son action

en dommage, et, puisque la loi n'édicte pas de santion pénale, comment le ministère public serait-il reçu à mettre
en mouvement l'action publique à cette occasion ?

Au contraire des accidents graves se sont produits à la
suite de l'opération; ils deviennent le fondement équitable
des prétentions du malade; tant pis pour le praticien qui
a trop présumé de ses forces! Mais faut-il aller plus loin
et admettre le bien fondé de la demande, par le fait seul
que l'on se trouve dans les termes de la loi, sans rechercher, si, oui ou non, l'officier de santé a suivi les règles de
l'art ; en un mot, s'il n'a été que *malheureux* ? Nous ne le
croyons pas. L'officier de santé devrait être admis à prouver, que, si l'opération a mal tourné, cela ne dépendait pas
de son fait seulement ; la présomption d'incapacité existera
contre lui, quitte à la faire tomber par la preuve contraire.
La faute seule devra être punie, comme le font observer
M. Briand et Chaudé (1). En inscrivant dans l'art. 29 de
la loi de ventôse, le principe de la responsabilité des officiers de santé pour les grandes opération, le législateur
a voulu les obliger à la plus grande circonspection ; pour
peu qu'une opération présente de gravité, qu'ils s'abs en-
nent qu'ils mettent leur responsabilité à couvert, en usant
de la garantie que leur indique la loi elle-même.

Il resterait à étudier si les officiers de santé peuvent
être atteints par la responsabilité correctionnelle : mais
comme la discussion à laquelle nous serions obligé de nous
livrer, présente le même intérêt que pour les docteurs,
nous la renvoyons au chapitre suivant, pour raison d'ordre,
nous contentant de dire que les solutions à cet égard sont
communes aux deux catégories de médecins.

---

(1) Briand et Chaudé, p. 5.

CHAPITRE II.

De la responsabilité des docteurs.

La question de la responsabilité médicale, étudiée à l'occasion des docteurs, est plus délicate, et la difficulté, il faut bien le dire, vient précisément de la disposition de la loi qui, en dégageant la responsabilité de l'officier de santé par la présence d'un docteur, semble reconnaître à celui-ci une pleine et entière capacité « Puisque sa présence suffit, disent les partisans de cette opinion, pour faire disparaître la présomption d'insuffisance de l'officier de santé, c'est que son titre de docteur offre à la société toutes les garanties qu'elle a le droit d'exiger, et il se trouve par là à couvert contre toute espèce de responsabilité; il faut en dire autant de l'officier quand il ne s'agit pas des grandes opérations. » L'admission de la doctrine contraire amènerait d'ailleurs à de trop grands abus pour qu'on la déclare possible. On verrait le malade accuser le médecin de ne l'avoir pas guéri, les parents introduire une action contre l'homme de l'art qui n'aurait pas pu triompher de la maladie et celui-ci perpétuellement obligé de justifier son traitement; plus de limites aux procès. Mais ce n'est pas tout, qui fera-t-on juge de l'efficacité du traitement, du choix malheureux du remède, comment calculer les dommages-intérêts, quelles bases prendre pour ne pas tomber dans l'arbitraire? En admettant que les plaintes du malade soient fondées, n'est-ce pas de son plein gré qu'il a fait choix de son docteur, et puisque celui-ci ne s'est nullement imposé à lui, *ægrotans debet sibi impulare cur talem eligerit!*

Si les médecins doivent être à l'abri de toute responsabilité civile, à plus forte raison doit-il en être ainsi de la responsabilité correctionnelle. On ne peut, dit-on, argumenter des art. 319, 320, C. P. pour justifier la poursuite; car quelque extension que l'on veuille donner aux termes dont s'est servi le législateur dans ces textes, on ne saurait sans les détourner de leur acception propre, les invoquer pour motiver une poursuite. Les articles renferment les mots *imprudence, négligence, inattention;* mais ces mots sont expliqués par la place même où ils se trouvent. Nos articles sont sous la rubrique *homicides, blessures, coups volontaires;* ils ne peuvent avoir trait aux blessures, ou accidents résultant de l'ignorance ou de la maladresse d'un médecin ; les faits que la loi a voulu atteindre au contraire, ce sont les coups, les blessures résultant de rixes, de querelles, d'homicide, voilà tout. Qu'on ne veuille pas argumenter du pouvoir d'appréciation laissé en pareille matière aux tribunaux; car, quelque large que soit ce pouvoir, faut-il au moins que l'extension soit motivée par l'analogie, et, nous ne voyons pas que l'analogie soit possible avec l'ordre de faits que nous étudions. (1)

Dans une seconde opinion, on reconnaît, que, s'il n'est pas possible de poursuivre le médecin devant la juridiction criminelle, il reste, en ce qui concerne les réparations civiles, dans le droit commun. Comme tout autre homme, le médecin doit réparer le dommage qu'il ne peut imputer qu'à lui-même, et dès lors aux termes des art. 1382, 1383, il pourra être tenu des dommages-intérêts envers le malade ou sa famille. C'est là un principe de droit commun qu'on ne saurait enfreindre sans violer les lois de la justice et de la raison.

---

(1) Trebuchet jurisp. de la med., p. 186. Morin Rep. du droit Cr. V° art. de guérir. n° 4.

Nous repoussons ces deux systèmes. L'irresponsabilité absolue du premier nous parait une exagération, et la distinction du second nous parait dénuée de tout fondement.

Nous adopterons une troisième opinion consacrée, du reste, par les arrêts, et la jurisprudence, qui admettent, au contraire, la double action civile et correctionnelle. Toutes les fois que le médecin aura une faute à s'imputer, on appliquera contre lui les art. 1382, 1383. Lors donc que l'acte qu'on lui reproche, revêt le caractère d'un délit, on le poursuivra en vertu des art. 319, 320 C. Pén., en renfermant l'application de ces dispositions dans des limites qui, tout en étant conformes aux exigences de la justice, sauvegardent l'intérêt de tous.

Il est bien vrai, en effet, qu'on doit ... ntrer très scrupuleux dans l'examen des faits qui ... reprochés à un médecin. Parce qu'un praticien n' ... as fait preuve de génie, ou que la cure n'a pas été couronnée de succès, il ne s'ensuit pas qu'il doive compte devant les tribunaux des conséquences, qu'il n'était pas en son pouvoir de paralyser. A cet égard, la réflexion humoristique de Montaigne est quelque peu vraie : « Les médecins ont cet heur que le soleil éclaire leurs succès, et que la terre cache leurs fautes (1). » Mais, si l'on reproche à l'homme de l'art des négligences inexcusables, s'il a fait preuve de mauvaise foi, si on peut relever contre lui des pensées dolosives ou criminelles, s'il a manqué à ses devoirs professionnels, alors on ne saurait proclamer son irresponsabilité, sans enfreindre la loi de la justice. On doit donc se montrer très circonspect, quand il s'agira d'apprécier le traitement, de savoir si tel remède était ou non approprié au mal, — « car tel traitement inusité peut être une heureuse témérité, éclair du génie qu'il ne faut pas confondre avec l'audace d'un empirique, même, lorsqu'elle n'a pas ré-

_____

(1) Essais, liv. II, p. 17.

pondu à l'attente (1). » Il est d'autre part évident, que, si
l'homme de l'art a opéré en contrevenant à des obligations
spéciales prescrites par la loi, sa responsabilité ne saurait
être niée. Il en sera de même, si le préjudice causé est
étranger au fait médical lui-même. Si le médecin aban-
donne son malade, s'il applique un remède en état
d'ivresse, ce sont là, comme on l'a dit, les fautes de
l'homme plutôt que celles du médecin. Une erreur matérielle commise dans une ordonnance; l'ignorance des
procédés les plus élémentaires sont tout autant de faits
qui rentrent dans l'application directe des art. 1382,
1383. C'est ce que Domat avait formulé en ces termes :
« Toutes les pertes et tous les dommages qui peuvent arriver par le fait de quelque personne, soit imprudence, légèreté, ignorance de ce que l'on doit savoir, ou
autres fautes semblables, si légères qu'elles puissent être,
doivent être réparées par celui dont l'imprudence ou toute
autre faute y a donné lieu ; c'est un tort qu'il a fait, quand
même il n'aurait pas intention de nuire (2). » Ce principe
de droit civil doit surtout être appliqué, quand on se
trouve en présence d'un individu exerçant une fonction
publique, et le médecin ne serait pas plus admis à le dé-
cliner que ceux qui exercent des fonctions mécaniques ou
industrielles.

Ainsi le principe de la responsabilité, admis autrefois,
ne saurait non plus faire de doute aujourd'hui. Quelle en
sera l'étendue? On comprend qu'il ne soit pas possible de
donner de principe de solution à cet égard; c'est là une
question de fait laissée à l'appréciation des tribunaux, et
qui ne peut être résolue qu'après examen minutieux des
circonstances qui entourent l'espéce à juger (3).

---

(1) Briand et Chaudé, p. 45.

(2) Domat. liv. II, sect. 4, n° 1.

(3) Metz. 21 mai, 1867. Cass. 2 juillet 1862. Orfila, médecine légale.
2e éd. p. 47. Dalloz, Rép. V° Responsabilité, n° 128.

Quant à l'argument tiré de la loi de l'an XI, qui rend obligatoire pour l'officier de santé de ne faire une grande opération qu'en présence d'un docteur, il n'infirme en rien la portée de notre principe. De ce que le docteur, par sa seule présence, met l'officier de santé à l'abri de tout reproche, il ne s'ensuit pas qu'on puisse en déduire en sa faveur le principe de l'irresponsabilité. Nulle part, la loi ne le dispense du recours le docteur ; et si, elle y soumet l'officier de santé qui a pris sur lui de faire une grande opération, elle établit seulement cette différence, à savoir : que pour poursuivre le médecin, il faudra établir qu'il a fait preuve de négligence, d'ignorance, d'incapacité. Le fait seul que l'officier de santé n'a pas appelé de médecin, suffit pour entraîner sa responsabilité, sans avoir besoin d'avoir à justifier d'autres fautes.

Dira-t-on encore que les examens qu'ont subis les docteurs, sont une garantie d'une capacité qui se trouve dès-lors légalement affirmée ? Mais on pourrait en dire autant du notaire, de l'avoué, et cependant, personne ne songe à contester leur responsabilité.

Et, sous ce rapport, nous ne saurions mieux résumer tout ce que nous venons de dire que par les paroles suivantes du procureur-général Dupin : « Assurément il serait injuste et absurde de prétendre, qu'un médecin ou un chirurgien répondent indéfiniment des résultats qu'on voudrait attribuer à l'ignorance ou à l'impéritie. Mais, réciproquement, il serait injuste et dangereux pour la société de proclamer comme un principe absolu, qu'en aucun cas, ils ne sont responsables dans l'exercice de leur art. Un jugement qui se serait décidé pour l'une ou l'autre de ces deux questions, ne pourrait échapper à la cassation. Mais, si la vérité n'est dans aucun de ces extrêmes, elle se trouve dans le juste milieu, qu'il faut garder ici, comme en bien d'autres circonstances. Non, le médecin, le chirurgien ne sont pas indéfiniment responsables, mais ils le sont quelquefois.

Ils ne le sont pas toujours, mais on ne peut pas dire qu'ils le soient jamais (1). »

Les mêmes difficultés se retrouvent quant à la responsabilité des médecins au point de vue du Droit pénal.

Doit-on les poursuivre en vertu des art. 319, 320 C. Pén., comme quiconque a involontairement causé des blessures à autrui? Non, a-t-on dit, comme nous l'avons vu plus haut, car il ne peut pas y avoir d'analogie. Nous repoussons cette manière de voir, et c'est aussi la tendance de la jurisprudence. Si donc, par suite de la maladresse d'un médecin, la gangrène se déclarait à la suite d'une opération faite au mépris des règles les plus élémentaires; si un empoisonnement était le résultat de la fausse désignation d'un médicament; si un officier de santé procédait à une grande opération sans l'assistance d'un docteur; si, en un mot, le médecin a fait preuve d'impéritie notoire; ou qu'enfin, il ait une faute à se reprocher, on appliquera l'art. 320, car on ne peut équitablement exiger qu'un diplôme soit un brevet d'irresponsabilité absolue. Et quant à l'appréciation des circonstances, elle est laissée toute entière aux tribunaux qui devront minutieusement examiner les faits délicats, nous le reconnaissons, qui seront déférés à leur jugement (2).

_____

(1) Concl. du pr. g. Dupin, affaire Thouret-Nauroy, Cass. 18 juin 1835.
(2) Chauveau et Hélie, théorie du Code Pénal IV p. 91. Merlin V° Chirurgien. § 2. Dalloz V° Responsabilité, n° 152. Angers, 1 avril 1833. Besançon, 18 déc. 1844. Rouen, 4 déc. 1845.

V

Du secret médical.

« Ce que je verrai ou entendrai dans
l'exercice de mon art, lors de mon ministère, dans le commerce des hommes
et qui ne devra pas être divulgué, je le
garderai comme quelque chose de secret, et je me tairai.

(HIPPOCRATE).

Ce n'est pas d'aujourd'hui que certaines personnes, et
entre autres les médecins, sont tenues d'observer le secret
sur les choses qui leur ont été révélées, ou qu'elles n'ont dé-
couvertes qu'à l'occasion de leurs fonctions. L'art. 19 des
statuts de la faculté de médecine, *appendix ad refor-
mationem facultatis medicinae*, s'exprime ainsi : « *aegro-
rum arcana, visa, audita, intellecta, nemo eliminet.*»
« Comme les médecins, les chirurgiens, les apothicaires
ont souvent des occasions, où les secrets de leurs malades
et des familles leurs sont découverts, soit par la confiance
qu'on peut avoir en eux, ou par les conjonctures qui rendent leur présence nécessaire, dans le temps où l'on traite
d'affaires ou autres choses qui demandent le secret, c'est
un de leurs devoirs de ne pas abuser de la confiance qu'on
leur a témoignée, et de garder exactement et fidèlement le
secret des choses qui sont venues à leur connaissance et

qui doivent demeurer secrètes (1). » C'est ce même Domat, qui, dans la préface du même titre, rendait hommage à la médecine : « De toutes ces sciences, dit-il, — c'est-à-dire des sciences humaines, — relatives aux particuliers, celle qui a l'objet le plus important est la médecine, inventée pour le plus grand de tous les biens temporels, qui est la santé. » Il ne lui préfère ainsi que la science de la religion et celle des lois qui règlent, dit-il, la justice que les hommes se doivent les uns aux autres, dans toutes les sortes d'affaires.

Le fameux serment d'Hippocrate, que nous nous souvenons d'avoir encore vu en tête des thèses de la faculté de médecine de Montpellier, allégé, il est vrai, de quelques singularités, n'est pas moins explicite sur l'obligation du secret. Nous en détachons l'invocation et ce qui concerne l'objet de notre étude. « *Juramento affirmo, teste Apolline, medicorum præside et Æsculapio, Hygeâ ac Panaceâ deabus diisque omnibus, me quantum viribus et judicio assequi possum inviolatum hoc jusjurandum hancque stipulationem præstiturum.*

..... *Quæ autem inter curandum visu aut auditu notavero vel extra medendi arenam in communi hominum vitâ percepero, quæ non decet enonciare, silentio involcam et tanquam arcana illa estimabo.*

Itaque, inviolata integritate, sancte si hoc jusjurandum præstitero, nec falso, eveniant mihi feliciter vita et hæc ars, atque perpetuo gloria mea toto splendeat orbe : sin perjurus fefellero fidem, his votis adversa eveniant omnia.

Étudions aujourd'hui cette obligation, avec les textes de notre loi positive, et pour cela recherchons dans un premier chapitre quelle est la révélation prohibée, et dans un second si la révélation est jamais obligatoire.

---

(1) Domat, le Droit public, § 1, t. 1, 17, n° 13.

CHAPITRE Ier

De la révélation prohibée.

La révélation du fait, que le médecin doit tenir secret, peut constituer tantôt un délit criminel et civil, tantôt un simple délit ou quasi délit civil. Nous allons prendre successivement ces deux cas.

1er cas. — De la révélation qui constitue un délit criminel et civil.

L'art. 378 C. P., est ainsi conçu : Les médecins, chirurgiens et autres officiers de santé, ainsi que les pharmaciens, les sages-femmes et toutes autres personnes dépositaires par état ou profession des secrets qu'on leur confie, qui, hors les cas où la loi les oblige à se porter dénonciateurs, auront révélé ces secrets, seront punis d'un emprisonnement d'un mois à six mois et d'une amende de cent francs à cinq cents francs.

Que devons nous entendre d'abord par le mot *révéler* C'est évidemment porter à la connaissance d'autres hommes un fait, qui ne leur était pas connu. Mais, comme qui dit révélation, ne dit pas publication, il n'est pas nécessaire que la confidence ait été faite à plus d'une personne. D'autre part aussi, si le fait était déjà tombé d'une manière quelconque dans la notoriété publique, la révélation ne serait pas délictueuse.

Recherchons maintenant les conditions de ce délit particulier. Il est clair d'abord qu'il n'est imputable qu'aux personnes dénommées dans l'article ; ainsi, celui qui, sous la direction d'un médecin serait accidentellement appelé à soigner un malade, serait moralement tenu au secret, mais affranchi de toute peine.

Il faut ensuite que le secret ait été confié à ces personnes, à raison de leur état ou profession, dit le texte même de l'art. 378 C. P.

Ainsi, peu importe la nature du fait confié, peu importe qu'il constitue un crime ou un délit, ou qu'il soit indifférent aux yeux de la loi pénale, il suffit qu'il y ait confidence et la loi n'exige même pas que la confidence ait été faite à titre de secret. « Il y a, suivant les paroles de M. l'avocat-général Quenault, un dépôt nécessaire entre le malade et le médecin ; la présomption est donc que toute confidence doit rester secrète, et ce serait au médecin à prouver, que dans l'espèce on lui a plutôt permis, ou même recommandé la divulgation, qu'on n'a exigé le secret » (1).

Nous appuyant sur les expressions du vieux statut de la faculté de médecine que nous rapportions plus haut, nous dirons que l'obligation du secret s'applique à tout ce que le médecin apprend en sa qualité, alors même que ni le malade ni personne autour de lui ne lui en aurait fait la révélation. En effet, si, par l'inspection corporelle du malade, le médecin, guidé par la science, reconnaît la trace d'un crime ou d'un délit, n'est-il pas vrai que le malade lui a confié son secret en lui permettant l'examen, qui l'a fait découvrir (2) ?

Enfin, nous comprendrions dans le secret confié au médecin, à raison de l'état ou profession, tous les faits intimes, délictueux ou non, dont il aurait connaissance auprès du lit du malade, par des propos tenus par celui-ci ou par d'autres personnes, que ces faits, d'ailleurs, soient relatifs ou non au malade et à son état. C'est que le médecin n'a dû qu'à son titre de pénétrer dans l'intérieur de la famille, et d'assister à ces conversations.

Nous sommes fixé maintenant sur la qualité d'agent du

_____

(1) Dalloz, 45, 1, 540.

(2) V° en sens contraire, Trebuchet juris. de la Méd. p. 284, et dans le sens que nous adoptons. Dalloz, Rép. gén. V° Révél. des secrets, n° 18.

délit et sur la nature du fait révélé, sur le corps du délit, pourrions-nous dire. Reste à savoir s'il y faut encore l'intention criminelle? L'affirmative n'est pas douteuse, en présence des principes généraux du droit criminel ; il ne réprime que le dol ou la faute tellement lourde, tellement grossière, qu'elle se rapproche grandement du dol. Il faudra donc que la révélation ait été faite dans le dessein de nuire (1). Les personnes, qui ont pu penser le contraire, disent qu'il suffit ici du fait de la violation du dépôt. Mais elles oublient, ce nous semble, que la loi n'a pas eu pour but de protéger ce dépôt, mais bien de protéger le déposant contre des révélations indiscrètes et dangereuses. Il n'y a pas de motif pour déroger aux règles générales.

De ce que l'intention criminelle doit exister ici, comme ailleurs, il résulte que le ministère public devra en faire la preuve, car c'est lui qui joue le rôle de demandeur, et qui doit fournir aux tribunaux de répression la preuve que toutes les conditions du délit sont remplies. Nous nous rangeons sur ce point à l'opinion de M. l'avocat général Hémard contrairement à celle de MM. Hélie, Chauveau et Dalloz qui pensent « que le seul fait d'une indiscrétion volontaire, doit faire présumer l'intention de nuire, et que c'est au prévenu à justifier qu'il n'avait pas cette intention (2). »

Des principes ci-dessus posés, il résulte que le médecin sera à l'abri de toute recherche :

1° S'il a dénoncé à la justice les faits délictueux qu'il aura reconnus dans l'exercice de sa profession. Nous verrons

---

(1) V° en sens contraire. Rauter , traité du Droit Criminel II , p. 104. Dans le sens du texte Chauveau et Hélie, théorie du Code Pénal , V , n° 1691. Cass. 25, juillet 1850. Dalloz, Rép. V° témoins 46.

(2) Théorie du Code Pénal, V. n° 1691. Dalloz, Rép. V° Révélation de secrets. n° 55. — Le secret médical au point de vue de la révél. des crimes et des délits, par H. Hémar, docteur en droit, avocat général, près la Cour de Paris. Revue critique XXXV 4e, 5e, 6e livraison, p. 567.

dans le chapitre suivant s'il est obligé de faire cette révélation ; mais il est au moins certain qu'il ne peut pas être coupable pour une telle révélation, en présence d'un texte comme celui de l'art. 378 Code pénal, puisqu'il paraît même l'obliger à se porter dénonciateur.

2° Si, comparaissant comme témoin, il révèle à la justice le secret du fait dont il est dépositaire. L'intention de nuire fait évidemment ici défaut.

3° Si la révélation s'adresse aux surveillants légaux, comme aux parents ou instituteurs de la personne malade. Le choix du confident montre encore ici la bonne intention du médecin.

4° Si le malade lui-même a délié le médecin de l'obligation du secret, celui-ci peut se considérer toujours comme tenu par l'honneur professionnel ; mais l'intention de nuire, s'il fait la révélation, est encore évidemment absente. Remarquons ici, toutefois, que le secret devra concerner exclusivement la personne qui autorise la révélation. S'il y en a plus d'une qui soit intéressée au secret, il faudra le consentement de toutes, pour que la révélation ne soit pas délictueuse (1).

5° Si la révélation du secret est nécessairement amenée par l'action en paiement d'honoraires, le médecin pourra dire alors : *Feci, sed jure feci.* Mais, pour cela, il faudra que la demande ait bien nécessité la révélation ; sans quoi, celle-ci serait faite avec intention de nuire. Il en serait ainsi, par exemple, si des détails scandaleux et inutiles sur la maladie étaient donnés par méchanceté dans les actes de procédure. « Telle était notre ancienne jurisprudence, » dit M. l'avocat général Hémar.

M. Trébuchet (2) cite un arrêt du Parlement de Paris,

---

(1) V° Dalloz, Rép V° Rev. de secrets, n° 54, 55, et V° témoins, n° 47 49. Grenoble, 25 août 1828.

(2) P. 274, 275.

du 25 septembre 1600, et une sentence du bailliage criminel d'Evreux, du 14 août 1747, confirmée par arrêt du
Parlement de Rouen, du 8 novembre suivant, qui interdit
pour six ans et condamne à dix livres d'amende un chirurgien d'Evreux qui, dans une demande d'honoraires, signi-
fiée par huissier, avait mentionné l'affection scorbutique
dont il avait traité un chanoine (1).

Certains médecins vont même plus loin et déclarent
proscrire toute demande d'honoraires, qui ne pourrait s'appuyer que sur la révélation du secret. Le secret partout et
toujours, disent-ils. Nous nous joignons à M. Hémar pour
admettre, au point de vue moral, une pareille doctrine, si
conforme à la délicatesse professionnelle. Nous le faisons
d'autant mieux, que cette considération n'est pas étrangère
à cette noble tradition de l'ordre des avocats, qui leur refuse toute action en paiement d'honoraires. Mais, d'autre
part, nous n'oublions pas davantage que la loi positive, et
surtout la loi pénale, ne saurait avoir toutes les exigences
de la conscience, et ne se confond pas avec la morale.
Non omne quod licet honestum est, sed licet.

En terminant sur ce premier point, nous ferons remarquer que le délit criminel, quand il existera, se compli-
quera d'un délit civil toutes les fois que la révélation,
outre qu'elle était pénalement atteinte, aura causé un
dommage à celui qui en a été la victime.

II. *Des cas où la révélation peut être un délit ou un
quasi-délit civil.*

Nous savons qu'on appelle délit, en droit civil, un fait
illicite, dommageable, imputable à son auteur, fait avec
intention de nuire; et quasi-délit, un fait illicite, dommageable, imputable à son auteur, mais commis sans
intention de nuire.

(1) Rev. crit. loc. cit. p. 574. V. cité en ce sens , jugement du tribunal
de la Seine, 11 mars 1864 et arrêt confirmatif, Paris, 14 avril 1864.

Comme nous le disions tout à l'heure, s'il y a délit criminel, il y aura à fortiori délit civil de l'art. 1382 C. Nap., pourvu qu'il y ait dommage causé; mais quand bien même il n'y aurait pas délit criminel, il pourrait encore y avoir, sinon, délit civil, tout au moins quasi-délit.

Nous savons par les développements ci-dessus donnés, quand est-ce que la révélation peut être licite de la part d'un médecin et échapper au coup de la loi pénale. Hors ces circonstances, elle serait illicite, tout aussi bien en droit civil qu'au point de vue du droit criminel. Si le Code Napoléon n'a pas rappelé cette obligation professionnelle du médecin, c'est qu'à raison des vieilles traditions que nous avons rapportées, personne n'ignore que le devoir du secret leur incombe. Si donc, fût-ce par étourderie, irréflexion ou légèreté, le médecin a causé du dommage par une révélation, il tombera sous le coup de l'art. 1383. « Chacun est responsable du dommage qu'il a causé, non seulement par son fait, mais encore par sa négligence ou son imprudence. »

Nous n'avons pas besoin d'insister sur les conditions de l'imputabilité civile du fait illicite et dommageable. Nous sommes ici sous l'application des principes généraux, et nous dirons, que le médecin sera tenu, si la révélation est le résultat d'une libre détermination de sa volonté. Il serait donc affranchi de tous dommages-intérêts s'il était en état d'aliénation mentale, lorsqu'il a trahi le secret.

Quant à l'étendue des dommages-intérêts, elle sera à l'appréciation du juge suivant les règles ordinaires posées par les art. 1146 et suiv. du C. Nap. La rédaction primitive de l'art. 378 C. Pén., renfermait cette bizarre disposition : « sans préjudice des dommages-intérêts qui seront, au moins, doubles de l'amende. » Cela rappelait les procédés du Droit romain dans certaines actions, où la condamnation était du double, et quelquefois du quadruple du préjudice causé; mais cette fixation *minima* était contraire à ce principe général du droit civil que les dommages-

intérêts doivent être simplement l'indemnité de la perte
subie et du gain manqué, art. 1149. Aussi, cette dernière
phrase a-t-elle disparu dans la rédaction définitive
adoptée par le Conseil d'Etat et le Corps législatif (1).

CHAPITRE II.

La révélation n'est-elle jamais obligatoire ?

Nous répondrons, non : et nous développerons cette
réponse en cherchant les cas qui pourraient faire doute,
soit au point de vue général, soit au point de vue privé.

1° L'article 378 C. Pén., punit la révélation de secrets
faite notamment par les médecins ou officiers de santé,
« hors le cas où la loi les oblige à se porter dénonciateurs. »
Il y avait donc sous le régime de cet article, au moins
une hypothèse où la révélation était ordonnée. Cela se
rapportait aux art. 103 à 107 du C. Pén., qui édictaient
des peines contre ceux qui ne se seraient pas portés
dénonciateurs de complots formés contre la sûreté de
l'Etat. La loi du 28 avril 1832, art. 103, a abrogé ces
dispositions. M. Sylvain Dumon, rapporteur de cette loi
fameuse à la Chambre des Députés, s'exprime ainsi : «Punir
la non-révélation, c'est donner à un devoir de patriotisme
les apparences d'une obligation de police (2). »

L'article 378, C. Pén., trouvait encore son application
dans les art. 136 et 137 du même Code, relatifs à la non-

_____

(1) Locré, législ. fr. XXX, séance du conseil d'Etat, 8 nov. 1806,
26 août 1809, 9 septembre 1809, p. 411, 425, 435.

(2) Voir aussi, Rapport de M. le comte de Bastard à la Chambre des
Pairs.

révélation du crime de fausse monnaie. Le même art. 103 de la loi du 28 avril 1832 les abroge.

2° La révélation était encore ordonnée par un édit du mois de décembre 1666. On sait quelle était alors l'insécurité de la capitale. Tout le monde a présents à l'esprit les vers de Boileau, dans sa VIe satire sur les *Embarras de Paris*.

> Qui frappe l'air, bon Dieu, de ses lugubres cris?
> Est-ce donc pour veiller qu'on se couche à Paris?
>
> . . . .
>
> Le bois le plus funeste et le moins fréquenté,
> Est, au prix de Paris, un lieu de sûreté.
> Malheur, donc, à celui qu'une affaire imprévue
> Engage, un peu trop tard, au détour d'une rue!

C'est, du reste, ce qui est rappelé dans le préambule de l'édit : « Louis..... et comme le défaut de sûreté publique qui expose les habitants de notre bonne ville de Paris à une infinité d'accidents..... et d'autant, qu'à cet effet, il importe de régler le port d'armes et de prévenir la continuation des meurtres, assassinats et violences qui se commettent journellement, etc. A ces causes..... seront tenus, lesdits chirurgiens, de déclarer aux commissaires du quartier les blessés qu'ils auront pansés chez eux ou ailleurs, pour en être fait, par le dit commissaire, son rapport à la police, de quoi faire, lesdits chirurgiens seront tenus des mêmes peines que dessus : (200 livres d'amende pour la première fois, en cas de récidive, de l'interdiction de la maîtrise pendant un an, et pour la troisième, de la privation de leur maîtrise) (1). »

Cette ordonnance fut encore aggravée par la suite, notamment, le 4 novembre 1778. On pense bien que le

---

(1) Isambert, anciennes lois franç. XVIII, p. 498, p. 95, Delamarre. Traité de la police, I, p. 143, 144. Revue critique, articles cités, p. 516.

droit intermédiaire ne négligea pas de semblables prescriptions. Elles furent rappelées successivement, les 17
ventôse an IX, 16 mars 1805 et 25 août 1806.

Après le Code Pénal, on ne pensa pas que l'art. 378
abrogeât cette obligation de révéler le nom des blessés
soignés par les médecins. En effet, les anciens règlements
ont été visés dans les ordonnances du 25 mars 1816, du
2 décembre 1822, du 9 juin 1832.

A la suite de celle-ci, les médecins protestèrent, et non
sans raison, parce que le corps médical de Paris, auquel
seul s'appliquait l'édit de 1666, se trouvait placé dans une
situation exceptionnelle. Il faut donc considérer ces vieilles dispositions comme implicitement sinon expressément
abrogées; et nous ne pensons pas que, désormais, l'administration ait l'idée de vouloir les tirer de la poussière, et
de l'oubli (1).

3° L'art. 30 C. d'instr. cr., est ainsi conçu : « Toute personne qui aura été témoin d'un attentat, soit contre la
sûreté publique, soit contre la vie ou la propriété d'un individu, sera pareillement tenu d'en donner avis, soit au
procureur du roi..... »

Cet article permet au médecin la dénonciation civique,
comme disait la loi des 16-29 septembre 1791. Mais, comme
depuis la loi de 1832, il n'y a plus dans nos codes aucune
sanction de la non dénonciation, il en résulte que le médecin, comme toute autre personne, reste sur ce point
livré à son libre arbitre; seulement, il a de plus que les
autres citoyens, à concilier le devoir du secret professionnel avec le devoir de ne pas laisser impunis de graves
attentats.

4° L'art. 80 C. d'inst. cr., oblige toute personne citée en
témoignage à comparaître et à *satisfaire à la citation*,
sous peine d'une amende qui n'excédera pas 100 francs. —

---

(1) MM. Chauveau et Hélie pensent même que l'art. 378 C. P. abroge
virtuellement l'édit de 1666. Théorie du Code Pén., V, n°° 1692, 1695.

La justice pourra ordonner que la personne citée sera contrainte par corps à donner son témoignage.

Supposons qu'il s'agisse d'un médecin. Évidemment le secret médical ne le dispense pas de comparaître ; mais ne le dispense-t-il pas de satisfaire à la citation ? *Satisfaire à la citation* c'est dire la vérité, rien que la vérité ; donc la loi elle-même, délie le médecin de l'obligation du secret professionnel, il peut le violer sans être répréhensible.

Mais est-il obligé de le violer ? Il faut répondre négativement avec la jurisprudence. Seulement le médecin devra affirmer le caractère confidentiel des faits sur lesquels sa déposition est requise, et il est évident que la question de savoir si le fait est confidentiel et secret, ne peut être jugée que par le médecin lui-même ; car il faudrait commencer par violer le secret médical, pour apprécier si les faits rentraient dans ceux précisément, que le médecin peut se refuser à révéler. Voici du reste la réponse arrêtée par l'association des médecins de Paris : « Je considère comme confidentiels les rapports qui ont amené à ma connaissance les faits sur lesquels vous m'interrogez, Je ne puis donc répondre à votre question » Cette réponse a été agréée par le ministère public, dit le *Moniteur des hôpitaux*.

M. Faustin Hélie pense que le médecin doit s'abriter derrière le secret médical avant de prêter serment. Ce serait bien rigoureux, pour ne pas dire impossible; car le médecin sera presque toujours interrogé d'abord sur des faits, sur lesquels il peut, et doit déposer; et il serait bien extraordinaire qu'il ne pût pas s'arrêter, dès que les questions portent sur des faits confidentiels. C'est ainsi que nous nous souvenons d'avoir vu les choses se passer devant la cour d'assises de l'Ariège. Il s'agissait d'un avortement, et le médecin de la jeune fille, après avoir répondu à un certain nombre de questions, se retrancha ensuite derrière le secret médical. La cour admit son excuse bien qu'il eût déjà prêté serment (1).

5° Les articles 55 et 56 C. N., imposent à défaut du père aux docteurs en médecine et en chirurgie, qui auront assisté à l'accouchement d'une femme, l'obligation de déclarer la naissance de l'enfant, et l'art. 346 C. P. punit la non déclaration d'un emprisonnement de six jours à six mois et d'une amende de 16 à 300 francs.

Lorsque l'état civil est régulier, qu'il s'agit d'un enfant légitime, né dans la maison conjugale, le secret médical n'a rien à faire ici. Mais, l'art. 57 demande dans l'acte de naissance les noms des pères et mères ; or il est possible que le nom de la mère soit destiné à être tenu secret, et que sa révélation soit, pour le médecin, la violation d'une confidence reçue dans l'exercice de sa profession.

Sera-t-il obligé de révéler, en pareil cas, le nom de la mère sous les peines portées par l'art. 346 C. P? Bien que la question soit très controversée, nous penchons pour la négative. L'art. 56 est seul visé par l'art. 346 C. P. ; ce que punit ce dernier c'est la nonrévélation de la naissance, du fait matériel de la naissance, qui, par lui-même et isolé, ne compromet personne. Ce qui importe à la société avant tout, c'est qu'une personne nouvelle n'en fasse pas partie, sans qu'elle en soit avertie et qu'elle ait enregistré cette naissance. Telle est l'opinion de la cour de cassation ; remarquons cependant, qu'elle s'appuie également sur l'art. 278 C. P., il faudra donc, pour être affranchi de la déclaration du nom de la mère, que le médecin ne l'ait connu qu'à raison de son état, sous le sceau du secret.

La même discrétion est légitime, ajoute M. l'avocat-général Hémar, dans le cas, où la révélation du lieu de

---

(1) Faustin Hélie, Inst. Crim. IV, n° 1857, p. 482. V. sur l'ensemble de de la question, Dalloz, Rép. V° Révél. de secrets, n° 51. Recueil périod. 1855. I, 205, 1845. I, 340, 1855. I, 51 et suiv. p. 521 à 550. En sens contraire au texte, Legraverend, legis. cr. I, p. 157.

l'accouchement peut conduire à la découverte du nom de
la mère (1).

6° On a voulu soumettre les maisons de santé dirigées
par les médecins, aux prescriptions des articles 471 n° 15
et 475 n° 2 du Code pénal. Ces articles imposent aux au-
bergistes l'obligation d'inscrire, sous peine d'amende, sur
un registre tenu régulièrement les noms, qualités, domicile habituel, date d'entrée et de sortie, de toute personne
qui aurait couché ou passé une nuit dans leur maison. La
cour suprême à jugé que les médecins et sages-femmes, ne
sauraient être considérés comme loueurs de maison garnie;
donc le secret médical ne sera pas atteint par la confection et la vérification de ce registre (2).

A défaut de cet article, on a invoqué la disposition de
l'art. 471 n° 15 qui punit d'amende ceux qui auront con-
trevenu aux règlements légalement faits par l'autorité
administrative, et ceux qui ne se seront pas conformés
aux règlements ou arrêtés publiés par l'autorité municipale en vertu des articles 3 et 4, titre 11 de la loi des 16 et
21 août 1790.

Comme cette loi et celle des 18, 22 juillet 1837, art. XI,
confère au maire le droit de surveiller les lieux publics et
de prendre à leur égard des arrêtés, les autorités munici-
pales ont voulu à plusieurs reprises considérer, comme
lieux publics, les maisons de santé ou d'accouchement, et
leur imposer une surveillance incompatible avec le secret
professionnel. La Cour de Cassation visant notamment
l'art. 378, C. Pén., a toujours considéré ces arrêtés
comme illégaux. Mais la cour a admis que l'autorité municipale peut, cependant, régler le nombre de pensionnaires
qu'une maison de santé peut recevoir. Ici la surveillance

---

(1) Voir sur cette question, Dalloz, Rep. V° Etat Civil n° 255 et 254.
Recueil périod. 1851, 2, 20. Art. de M. Hemar, r. cr. p. 850 et seq.
(2) Cass. 12 sep. 1846.

administrative ne touche en rien à la révélation des secrets (1).

7° Le consentement des particuliers oblige-t-il le médecin à révéler les faits dont il a reçu confidence à raison
de sa profession.

Nous avons dit plus haut, qu'en pareille circonstance, le
médecin peut révéler sans être passible d'aucune peine, si
toutefois le secret n'appartient qu'à celui qui a autorisé la
révélation. Mais nous ne pensons pas que le médecin soit
punissable, si même, dans ce cas, il refuse son témoignage.
La discrétion du médecin est en effet d'ordre public, elle est
le fondement le plus sérieux de la confiance du malade,
que des révélations trop faciles, quoique provoquées, pourraient ébranler. Donc encore, ici, le médecin sera le
meilleur et le seul juge du point de savoir, s'il doit parler (2).

Ainsi après avoir parcouru les diverses hypothèses,
dans lesquelles on aurait pu croire les médecins tenus de
révéler le secret professionnel, nous arrivons à cette con-
clusion, que cette révélation, souvent possible, n'est, du
moins, jamais obligatoire. (3)

---

(1) Dalloz Rev. périod. 1864. 1, 152, 1866, 1, 452.

(2) V. en ce sens. Montpellier, 24 déc. 1857. Grenoble, 25 août, 1828.
Dalloz, Rep. V° témoins, n° 47, 49, et Rev. crit., p. 557.

(3) Nous avons vu plus haut que la loi de 1822 (Art. 13) sur la police
sanitaire oblige les médecins à faire connaître les pestes et épidémies à
l'autorité, mais cela n'est pas incompatible avec le secret médical, puisque
le nom des malades pourra n'être pas connu.

VI

APPENDICE.

Du rôle donné par la loi aux médecins dans les placements des aliénés.

« La plus grande preuve de respect que l'on puisse donner aux lois de son pays, c'est d'en signaler les imperfections, quand on le fait avec gravité, avec mesure, et qu'on n'a d'autre mobile que l'intérêt public (GARSONNET).

La loi du 30 juin 1838, a investi les médecins d'une sorte de magistrature pour le placement des aliénés non interdits dans un établissement public ou privé. D'après l'art. 8, les chefs ou préposés, responsables de ces établissements, doivent requérir, entre autres choses, un certificat de médecin constatant l'état de la personne à placer, indiquant les particularités de sa maladie, et la nécessité de la faire traiter dans un établissement d'aliénés, et de l'y tenir renfermée. Il y a plus : en cas d'urgence, les chefs des établissements publics pourront se dispenser d'exiger le certificat des médecins.

L'art 9 dispose : Si le placement est fait dans un établissement privé, le préfet dans les trois jours de la réception du bulletin chargera un ou plusieurs hommes de l'art, de visiter la personne désignée dans ce bulletin, à l'effet de constater son état mental, et d'en faire rapport sur le champ. Il pourra leur adjoindre tout autre personne qu'il désignera. Le bulletin dont il est ici question renferme lui-même, d'après l'art. 8, un certificat du médecin de l'établissement, qui ne doit pas être le même qui a délivré le premier.

Enfin, quinze jours après le placement d'une personne dans un établissement public ou privé, il sera adressé au préfet un nouveau certificat du médecin de l'établissement (art. 11).

Nous venons d'extraire de la loi du 30 juin 1838, ce qu'il y a de plus important relativement aux hommes de l'art qui nous occupent. Il nous faut voir maintenant les effets de leur intervention. Ce sont ceux en quelque sorte d'un jugement ; car de nombreuses incapacités résultent, pour l'aliéné, de son placement dans l'asile, et cela sans que l'autorité judiciaire ait été en aucune façon appelée à statuer. Nous n'avons pas bien entendu à entrer dans le détail de cette position de l'aliéné, il nous suffit de la signaler et de montrer quelle est contraire à tous les précédents de la science juridique, quelle est *inelegans*.

Ces considérations ont été développées par M. Garsonnet dans ces lignes émues que nous détachons de ses articles sur la loi des aliénés. « Le pouvoir médical a surpris, a usurpé des attributions formidables, qui jusques alors étaient dévolues à un fonctionnaire de l'ordre judiciaire. L'homme de l'art a été investi du pouvoir qui n'appartenait qu'au juge. C'est un médecin qui vous déclare fou, c'est-à-dire qui vous prive de votre liberté. C'est un médecin qui vous reçoit, c'est-à-dire qui devient l'arbitre de

votre liberté, c'est encore un médecin qui vérifie la léga-
lité de la réclusion prononcée, c'est-à-dire qui prononce
souverainement, ou qu'il faut vous rendre votre liberté, ou
qu'il faut vous en priver à jamais ; et, contre le juge, la législation avait imaginé toute sorte de barrières, de limites
de contre-poids pour empêcher qu'en rendant des arrêts,
il ne fût tenté de rendre des services. A-t-elle limité avec
la même prudence inquiète la puissance du médecin ?
A-t-elle armé et prémuni la société contre cette puissance ? » (1).

Ainsi un homme, hors cette hypothèse, ne peut jamais
être privé, soit de sa liberté, soit de sa capacité sans
l'intervention de la justice. Etez-vous soupçonné d'un
crime ou d'un délit, la prison préventive ne vous sera appliquée que sur des mandats décernés par le juge d'instruction, et, dans les cas exceptionnels, par le procureur
impérial. Ainsi encore, toutes les privations de capacité
résultent de jugements rendus par les tribunaux criminels
ou civils ; donc la disposition de la loi du 30 juin 1838, est
tout à fait exorbitante du droit commun. C'est ce que
M. Huc a démontré avec beaucoup de force, dans une remarquable brochure lue à la réunion des sociétés savantes
de 1869 :

« Il est patent, en effet, que les médecins ne peuvent et
ne doivent jouer que le rôle *d'experts* ; ils ne sauraient en
avoir d'autre. C'est déjà le rôle qui leur appartient, lorsque s'élèvent des questions d'infanticide, d'avortement,
d'empoisonnement, etc. Ils n'en ont pas d'autre, qu'on
veuille bien le remarquer, lorsqu'il s'agit précisément de
constater l'état mental d'un accusé traduit devant la
justice criminelle, ou l'état mental d'un individu dont l'interdiction est poursuivie. Dans toutes ces hypothèses,
leur opinion ne peut se traduire que comme renseigne-

(1) Garsonnet, la loi sur les aliénés. Revue contemporaine, tome
LXVIII, 2ᵉ série, p. 65, année 1869.

ment précieux et souvent décisif, donné à la justice à qui,
seule, il appartient de statuer. Par suite de quelle étrange
aberration d'idées en serait-il autrement, quand il faut
faire enfermer un homme comme fou? D'où viendrait aux
médecins, en pareille matière, un droit que le bon sens
refuse de leur accorder dans les autres?..... »

« Si, à raison des connaissances spéciales des médecins,
leur opinion devait s'imposer à la justice, il faudrait
décider de même pour l'opinion de tous les hommes spéciaux : chimistes, ingénieurs, architectes, jurisconsultes,
artistes, savants de tout ordre, à chaque instant consultés
par les tribunaux, qui, souvent, ne pourraient statuer sans
leur concours, c'est-à-dire qu'il faudrait tout bouleverser
et organiser l'anarchie. Mais c'est assez insister sur ce
point. Les vrais savants n'ont jamais contesté ces vérités
élémentaires, méconnues seulement des esprits médiocres,
incapables d'ajouter personnellement un lustre quelconque à leurs fonctions, et tirant, au contraire, de cette fonction elle-même, tout le lustre artificiel qui les décore... . »

« Le médecin doit être le maître absolu du traitement
thérapeutique de l'individu enfermé, mais quand il s'agit
de savoir s'il faut enlever à quelqu'un sa liberté, le dépouiller de l'exercice de tous ses droits, le médecin n'a
pas de décision à prendre, il n'a qu'une opinion à formu-
ler, et c'est à une autorité régulière qu'il appartient de
statuer..... »

Il est donc urgent de rétablir les vrais principes de
compétence, de cantonner les médecins dans leur véritable
rôle d'experts, et de placer les admissions dans les établissements d'aliénés sous le contrôle de l'autorité judiciaire,
gardienne naturelle de l'état et de la capacité des citoyens.
Nous espérons que ces idées, formulées presque en un
projet de loi dans la brochure que nous citions tout à
l'heure, et, qui sont la base de certaines législations, celle

par exemple de la Hollande (1), ne tarderont pas à prévaloir. L'opinion publique a été éveillée sur toutes les questions relatives aux aliénés par les travaux de M. Garsonnet, inspecteur de l'Académie de Paris (2), des pétitions
au Sénat en 1867 et en 1868 qui ont donné lieu à un rapport approfondi de M. Suin; enfin, par arrêté du 12 février
1869, à la suite d'un rapport au ministre de l'intérieur, une
commission a été instituée « pour étudier diverses questions
relatives à la loi des aliénés et notamment celles qui ont
été renvoyées par le Sénat à l'examen de deux ministères.»
En ce qui touche notre sujet, nous lisons dans le rapport
au ministre de l'intérieur :

« Ne devrait-on pas exiger, sauf dans le cas d'urgence
et d'impossibilité absolue, deux certificats médicaux au
lieu d'un certificat unique ?

» N'y aurait-il pas lieu d'imposer aux médecins l'obligation du serment ?

. . . .

» N'y aurait-il pas utilité à demander à la magistrature
une plus large intervention, et des visites plus fréquentes (3) ? »

La commission n'a pas encore terminé son œuvre, et
nous ne sommes pas en présence même d'un projet de loi.

---

(1) Loi hollandaise du 21 mars 1841. Elle confie les placements à l'autorité judiciaire sans distinguer entre les placements d'office et les placements volontaires. C'est le président du tribunal de la demeure de l'a-
liéné qui statue d'abord. Son ordonnance doit être dans les six semaines
ratifiée par un jugement du tribunal, renouvelable lui-même d'année en
année, jusqu'à ce que trois ans se soient écoulés. V. Exposé de M. Tanon,
rédacteur au ministère de la justice dans le bulletin de la Société de
Législation comparée. N° 5, mai 1869, p. 54.

(2) D'une lacune énorme à combler dans la Législation française,
Dentu 1861. La loi des aliénés, revue contemporaine, 1869.

(3) Journal Officiel du lundi 15 févr. 1869.

Nous lisons, en effet, dans le *Livre Bleu*, distribué aux corps délibérants à l'ouverture de la session de novembre 1869 : « La commission a commencé ses travaux ; elle a fait appel aux lumières de tous les hommes spéciaux et s'occupe de réunir tous les documents, relatifs à la législation étrangère dont elle se propose de faire une étude comparative. » Déjà des publicistes ont exprimé le vœu de la voir se hâter dans son œuvre. « On frémit, dit l'un d'eux, quand il suffit d'un certificat délivré par le premier médecin venu, abusé lui-même ou complice d'une odieuse intrigue, pour priver un citoyen de sa liberté ou le condamner à une séquestration perpétuelle (1). »

---

(1) Journal des Débats du lundi 19 févr. 1870. — Voir M. Huc : Des Aliénés et de leur capacité civile — Projet de réforme de la loi du 50 juin 1838 — Paris, Cotillon 1869. —

15

POSITIONS

DROIT ROMAIN.

I. On peut concilier les lois 11, § 3, 15, § 1 et 51, *ad leg. Aq.*

II. La négative *non* doit être supprimée dans la loi 13, § 3, *ad leg. Aq.*

III. Dans la loi 30, § 1, h. t., le jurisconsulte Paul parlant d'un créancier qui a perdu son procès *tempore* fait allusion à la péremption d'instance et non à la prescription.

IV. Dans la loi 23, § 1, il n'est pas nécessaire de supposer, comme le fait Pothier, une institution conditionnelle, ou de supposer que le meurtre de l'esclave institué a été commis après la mort du testateur.

V. L'action utile, et l'action *in factum* dérivées de la loi Aquilia, étaient identiques pour les jurisconsultes du temps classique.

DROIT COUTUMIER.

I. Les fiefs ont une origine ecclésiastique.

II. La saisine a une origine germanique.

III. Nos anciens auteurs ne s'étaient formellement préoccupés du privilége du médecin qu'en cas de déconfiture après décès.

DROIT FRANÇAIS.

I. Les femmes peuvent obtenir le diplôme de docteur en médecine.

II. Le médecin n'a de privilége que pour les soins donnés pendant la maladie, dont le client est mort.

III. Le privilége du médecin, en cas de maladie chronique, ne garantit que les soins donnés depuis le moment, où la maladie a pris un caractère inquiétant, jusques au décès.

IV. La présomption court, pour la dette née d'une maladie antérieure, quand bien même interviendrait une nouvelle maladie soignée par le même médecin, et donnant lieu à une nouvelle créance.

V. Le médecin peut céder sa clientèle moyennant une somme déterminée.

VI. Le contrat intervenu entre le malade et le médecin qui le traite est un contrat innommé : *do ut facias*.

VII. L'art. 909 édicte une présomption absolue, exclusive de la preuve contraire.

VIII. Pour que l'art. 909 s'applique, il n'est pas nécessaire qu'il y eût concomitance entre la libéralité et le traitement.

IX. Le legs rémunératoire ne doit pas être confondu avec les honoraires.

X. Le mot *héritier* n'est pas dans l'art. 909, synonyme de *parent*.

XI. Le don manuel tombe sous le coup de l'art. 909.

XII. Le médecin peut être déclaré civilement responsable dans les termes de l'art. 1382, C. Nap.

XIII. La révélation du secret médical n'est jamais obligatoire pour le médecin malgré l'autorisation des parties intéressées.

PROCÉDURE CIVILE.

I. Les parties sont libres de renoncer à faire appel en tout état de cause.

II. Lorsqu'un appel a été interjeté après l'expiration des deux mois déterminés par l'art. 113, la déchéance qui en résulte est d'ordre public et doit être suppléée d'office par le tribunal, lors même que l'intimé ne s'en prévaudrait pas.

DROIT CRIMINEL.

I. Les dentistes n'ont pas besoin d'un titre scientifique pour exercer leur profession.

II. L'art. 25 de la loi de ventôse an XI, en ne fixant pas le taux de l'amende à prononcer contre celui qui exerce illégalement la médecine sans usurpation de titre, a fait de ce quelle nomme un délit, une contravention qui sera cependant jugée par les tribunaux correctionnels.

III. La récidive, en matière d'exercice illégal de la médecine sans usurpation de titre, doit être appréciée d'après les règles des contraventions et non des délits.

IV. Le récidiviste encourt le maximum de l'amende de simple police, avec faculté de prononcer l'emprisonnement d'un jour à cinq jours.

V. Le principe du non cumul des peines ne s'applique pas à l'exercice illégal de la médecine sans usurpation de titre.

VI. Le complice de celui qui a exercé la médecine sans usurpation de titre n'est pas punissable.

VII. Le médecin peut être déclaré pénalement responsable dans les termes des art. 319, 320.

VIII. Le médecin n'est pas absolument autorisé à révéler le secret médical dans une demande d'honoraires.

DROIT COMMERCIAL.

I. L'engagement souscrit par un mineur commerçant, sans expression d'une cause étrangère à son commerce, doit être présumé fait pour les besoins de son négoce.

II. Le consent. ent du mari pour habiliter sa femme à faire le commerce, ne peut pas être suppléé par l'autorisation en justice.

DROIT ADMINISTRATIF.

I. Le maire ne saurait, sans violer le principe du secret médical, rendre des arrêts relativement aux maisons de santé et d'accouchement, en voulant les assimiler aux lieux publics dont la loi de 1837 leur confère la surveillance.

II. En temps ordinaire, l'autorité municipale n'a pas le droit de réquisition à l'égard des médecins, en vertu de la loi du 21 août 1790, et art. 471, 475 C. P.

Cette Thèse sera soutenue en séance publique, dans une des salles de la Faculté de Droit de Toulouse, le 28 Mars 1870.

Vu par le Président de la Thèse,

T. HUC.

Vu par le Doyen,

DUFOUR.

Vu et permis d'imprimer :

Le Recteur,

ROUSTAN.

« Les visa exigés par les règlements sont une garantie des principes et
» des opinions relatifs à la religion, à l'ordre public et aux bonnes mœurs
» (Statut du 9 avril 1825, article 11), mais non des opinions purement
» juridiques, dont la responsabilité est laissée aux candidats.

» Le candidat répondra, en outre, aux questions qui lui seront faites
» sur les autres matières de l'enseignement. »

TABLE DES MATIÈRES

DES MÉDECINS

AU POINT DE VUE DU DROIT PRIVE.

Toulouse. — Imp. CAILLOL et BAYLAC, rue de la Pomme, 34.

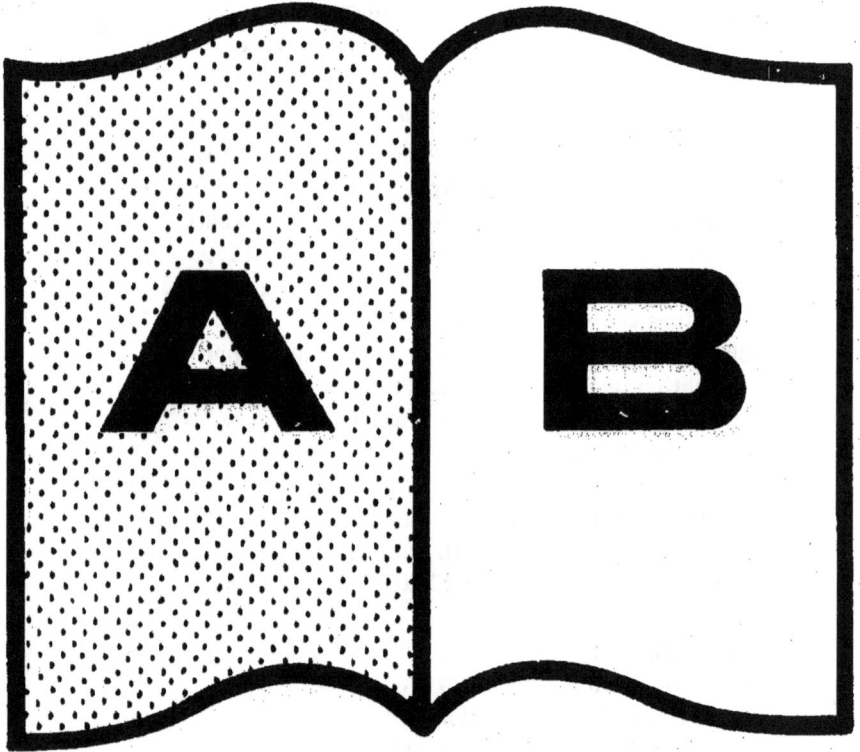

Contraste insuffisant

NF Z 43-120-14